생명

신약성경에서 생명을 묻다

배재욱 지음

대한기독교서회

생명

-신약성경에서 생명을 묻다

2010년 4월 30일 초판 1쇄

지은이/배재욱
펴낸이/정지강
펴낸곳/대한기독교서회
편집책임/김인자

등록/1967년 8월 26일 제1-77호
주소/135-090 서울시 강남구 삼성동 169-1
전화/편집 553-0873~4, 영업 553-0870~2
팩스/편집 3453-1639, 영업 555-7721
e-mail/cls1890@chol.com
edit1890@chol.com
http://www.clsk.org

직영서점/기독교서회
종로 5가 기독교회관 1층, 전화 744-6732~4, 팩스 745-8064

값 8,500원/ 책번호 1678
ISBN 978-89-511-1256-0 93230

The Christian Literature Sociaty of Korea, Seoul
Printed in Korea

신앙과 신학의 스승이신

고 정류(靜流) 이상근 목사님께 존경과 감사함으로

이 책을 헌정합니다.

추천사

21세기 인류가 몸담고 있는 지구촌의 삶의 현장은 한마디로 생명의 심각한 위협에 직면해 있다. 인종 간의 갈등, 폭력과 테러, 전쟁, 그리고 지진, 홍수, 화산폭발 등 천재지변으로 인해 해마다 수많은 생명이 죽어간다. 절대빈곤으로 인한 굶주림, 질병으로 인한 죽음, 마약, 매매춘, 에이즈, 자살, 낙태 풍조 등의 생명 죽이기 문화가 인간의 생명을 파멸로 몰아간다. 생명공학의 발달은 유전자의 조작과 생명복제로 인해 생명윤리의 기반을 흔들고 있다. 성차별, 세대 간의 갈등에서 야기되는 인권 유린과 침해가 날로 증가하고 있다.

'개발' 이라는 그럴듯한 명분을 내세워 자행되는 생태계의 무분별한 파괴와 핵실험은 대기의 온난화, 오존층 파괴, 공기오염, 수질오염, 환경오염을 가속화시키고 있고, 급기야 전 지구적 생태계를 위협해 오면서, 생명체들을 멸종 위기로 몰아가고 있다. 그리고 '세계화' 라는 그럴듯한 포장 속에 모든 것이 상품화되어 인간 생명의 존엄성이 여러 모양으로 짓밟히고 있다.

한마디로 21세기 지구촌의 현주소는 생명경시, 생명조작, 그리고 생명파괴로 얼룩져 심각한 생명위기를 맞고 있다. 따라서 '생명공동체' 인 교회의 중심과제는 생명 살리기, 생명 돌보기, 생명 지키기, 생명 키우기 등과 관련한 '생명문화'를 형성하는 일이요, 21세기 교회가 전개해야 할 선교과제는 인간세계와 자연생태계의 공동체적 생명과 삶의 회복운동, 다른 말로 표현하면, 생명 공동체를 추구하는 하나님 나라의 문화운동이다.

배재욱 교수(신약학)의 『생명』은 신약성서에 나타난 '생명'에 대한 분석적인 탐구의 글들을 모아 체계 있게 잘 정리해주고 있다. 하나님 나라의 도구인 교회의 생명목회와 생명선교를 위한 토대로서 '생명'에 대한 성서학적 고찰은 생명신학의 정립을 위한 기초 작업이라 할 수 있다. 따라서 신학자, 목회자, 신학생을 비롯해서 생명을 사랑하는 모든 분들에게 일독을 권하면서 이 책을 추천한다.

고용수 목사

(전 장로회신학대학교 총장 / 현재 대구제일교회 담임목사)

머리말

인간 생명의 고귀함에서 인간의 존재의 위대함과 고귀함이 기인된다. 이 고귀한 생명이 지금 여러 모양으로 유린되고 있다. 온갖 사회적인 현상은 인간 생명의 고귀함을 유린하고 생명을 물질의 부속품처럼 생각하게 만든다. 종교와 종교 간에, 인종과 인종 간에 끊임없는 갈등 또한 인간 정신을 멍들게 한다.

인간의 생명 경시 현상이 두드러진 요즘의 시대상은 여러 가지 병폐를 낳고 있다. 이 시대의 사회 현상을 직시하면서 신학적인 생명의 본질 문제뿐만 아니라 포괄적으로 인간의 본질에 대한 생명 문제를 포함하여 인간 생명의 본질이 무엇인가에 대한 질문은 사회학적으로뿐만 아니라 종교적으로 접근해야 할 것이다. 교회는 생명을 존중하고 생명의 가치를 지켜 가야 한다. 그럴 때 하나님의 구원의 은총 아래서 인간은 새로운 생명의 기쁨을 다시 얻게 될 것이다.(시 51:10-12)

신약성경의 생명 사상은 구약성경-유대교 생명 사상에 바탕을 두고 있다. 신약성경에서 생명 사상은 믿음(요 3:15-16, 5:24, 20:31), 하나님 나라 사상(요 3:3, 5), 예수 그리스도(요 1:25, 14:6; 계 1:18), 말씀(요 6:63), 종말론적인 축복(마 7:14; 막 9:43, 45) 등의 사상과 연관되어 있다.

'생명' 개념이 공관복음에서는 '하나님 나라'와 비슷한 의미로 사용된다. 마가복음 9장 43-47절에서 '생명'과 '하나님 나라'는 평행을 이루고, 누가복음 18장 29-30절에서 '생명'과 '하나님 나라'는 서로 연결된다. 예수의 생명 사상은 하나님 나라에서 구체화되고 현재화된다. 공관복음의 하나님 나라 개념은 생명을 종말론적 축복으로 말한다.(마 7:14; 막 9:43, 45)

바울은 예수가 부활을 통해 '생명의 주인'이 됨을 나타낸다.(참조. 롬 5:15-17; 고전 15:20-23) 고린도전서 15장 20-22절에서 생명은 그리스도 안에 있다고 설명한다. 바울은 '생명의 성령'이란 표현을 통해 성령을 '새로운 창조의 원동력'으로 표현한다. 생명의 성령이 그리스도 안에서 죄와 죽음으로부터 자유를 가져왔다.(참조. 롬 8:21) 그러므로 그리스도 안에 있는 자는 생명을 가진 자로서 책임을 감당해야 한다.(참조. 롬 6:1-14) 죄와 죽음으로부터 생명으로 나아가는 생명 사상이 그리스도론과 연결되어 집중되는 특징과 아울러 내세적(來世的)이라는 두 가지 특징을 가진다.

신약성경 저자들은 그리스도의 생명 사상을 전개하는 과정에서 구약성경적-초기 유대교적인 전승을 따르지만 그들의 생명 사상이 구약성경이나 초기 유대교의 생명 사상을 답습하는 것으로 그친 것이 아니라, 구약성경-초기 유대교 배경 위에서 그리스도론적으로 해석하고 있다는 데서 신약성경 생명 사상의 독특성을 찾게 된다. 생명 사상의 그리스도론적인 전이(轉移)를 통한 이러한 생명 사상의 발전은 초기교회가 제기한 예수가 누구인가라는 문제에서 시작되고 이러한 문제 제기는 그리스도론의 성립과 발전을 이루게 되었다.

하나님은 세상을 사랑하여 자신의 독생자를 세상에 보내셔서 죄로 죽어가는 세상에 생명의 복음을 선물하셨다. 인간의 생명은 어쩌다가 주어진 것이 아닌 하나님의 선물이고 축복이다. 존귀한 인간의 생명을 바르게 이해하기 위해서는 신학 인접 학문과의 대화도 요구된다. 신학은 인접 학문과의 대화를 통해 생명의 사회적인 성격까지 포함하여 다루어야 할 것이다. 그렇게 함으로 생명 존중의 가치관을 세워 나가는데 일조하는 것이 우리에게 생명을 주신 하나님의 뜻일 것이다.

신학교를 졸업하고 강원도에서 개척교회를 시작으로 목회 현장으로 나온 지 어언 26년째, 강산이 세 번째로 변하고 있다. 강원도 어느 어촌 개척교회에서의 목회, 조직된 교회에서의 목회, 신학교 교수로, 선교사로 일하다가 나는 신학교에서 동문수학했던 친구들이 모두들 한아름씩 열매를 거두는 나이가 되어서야 나의 꿈을 좇아 독일로 유학을 떠났다. 딱히 공부할 수 있는 형편이 아니었지만 나그네가 길을 떠나듯이 시작한 공부였다. 어려움이 많았지만 하나님의 은혜가 있었기에 공부를 다 마치고 꿈에 그리던 부모 형제와 가족들이 있는 내 조국 내 고향땅으로 돌아온 지도 벌써 7년이 흘렀다.

그간 필자가 20여 년 전에 교수로 일했던 부산장신대학교, 초빙교수로 일했던 모교인 장로회신학대학교, 지금 일하는 영남신학대학교와 그리고 그동안 시간강사로 일했던 영락여자신학교, 한남대학교와 루터대학교 교실에서 만났던 많은 제자들과 함께 기도하며 공부하고 가르치고 토론한 것들이 밑거름이 되어 이제 한 묶음의 글이 되었다. 이 글들을 모아 함께 일하고 고민하고 아파했던 내 사랑하는 동료 목회자들과 신학 하는 이들 앞에 부끄럽지만 작은 책으로 엮어내고자 한다.

이 글을 쓰면서 너무 많은 이들에게 빚을 진 것 같다. 필자가 몸담고 일할 수 있도록 허락해주신 영남신학대학교 진희성 총장님과 많은 교수님들, 석좌교수로 일하도록 허락해주신 대구제일교회 고용수 목사님과 성도님들, 초빙교수로 일했던 장로회신학대학교(총장: 장영일 교수), 교수로 일했던 부산장신대학교, 그리고 교육목사로 일했던 명성교회(담임목사: 김삼환 목사)에 감사드린다. 이 글을 읽고 논평해준 많은 동료 신학자들과 목회자들 그리고 교실에서 만난 사랑하는 많은 후학들과 이 글을 읽어 주신 류소연 선생님께 감사드린다.

이 책은 그동안 필자가 인간에 대한 고뇌를 겪으면서 인간의 생명에 대한 성경적인 사고를 정리한 것이다. 이 글의 많은 부분은 이미 내가 여러 신학지에 발표한 글들을 다시 수정하여 부분적으로 새로운 글을 쓰고 다시 새롭게 보완하고 편집한 후 한 권의 책으로 묶었다. 이 책을 쓰기 위하여 이용한 필자의 글은 아래의 네 가지이다.

1. "성경이 선언하는 인간 생명의 고귀함", 「목회와 신학」 190(2005년 4월호), 61-67.

2. "바울의 생명사상 II. 예수의 생명 이해", 「기독교사상」 578(2007년 2월호), 204-211.

3. "바울의 생명사상 III. 바울의 생명 이해", 「기독교사상」 579(2007년 3월), 188-196.

4. "신약성경의 생명 사상에 대한 고찰", 「선교와 신학」 22(2008), 45-82.

이미 신학지에 발표된 논문들을 출판하도록 허락해 주신 여러 기관들에 감사를 드린다. 그리고 이 글을 출판하도록 허락해 주시고 수고해 주신 대한기독교서회 출판국장 서진한 목사님과 수고하신 여러 담당자님께 감사드린다.

2010년 4월 부활절 축일에

경산(慶山) 진량읍(邑) 봉회리 작새마을에서

배재욱

차례

제1장 서론: 생명에 대한 탐구를 시작하면서

생명

인간 존재의 위대함과 고귀함은 생명에 있다. 생명의 주인이신 하나님께서 생명을 사람에게 선물하셨다. 인간에게 있어서 생명의 본질이 무엇인가에 대한 질문은 사회학적으로뿐만 아니라 종교적으로 접근해야 할 것이다. 인간 생명의 기원이 하나님께 있기 때문에 인간은 가치 있는 존재이다. 하나님의 형상을 가진 인간의 고귀함은 재물이나 소유에 있는 것이 아니라 생명에 있다. 만약 사람이 자신의 생명 본질을 안다면 창조주 앞에 겸손하게 되고 신적인 구원의 기쁨을 다시 얻을 수 있을 것이다.(시 51:10) '생명의 기원'이 하나님에게 있다는 사실로부터 생명의 본질을 찾을 수 있다.(참조. 창 2:7) 생명의 기원이 하나님께 있으므로 생명의 의미를 하나님과 관련하여 찾는 데서 생명이 함축하는 새로운 기쁨과 삶의 의미를 찾을 수 있다.(시 51:10-12) 그러므로 생명에 대한 사상적인 배경을 연구하는 것은 인간 존재를 바르게 이해할 수 있도록 돕는 것이다. 생명에 대해 바르게 이해하고 인간 존중의 환경을 만들어가기를 전망하는 것이 신학의 중요한 사명이다.

이 글에서는 생명 사상의 기초를 이루는 신약성경의 생명 사상을 모색하고자 한다. 신약성경이 말하는 생명을 바르게 이해하면 현대의 생명 사상을 이해하는 바른 초석을 다지게 될 것이다. 그러면 이제 생명의 의미가 무엇인가 살펴보자.

아담의 범죄 이후 인간은 생명으로부터 분리되었다.(창 3:22-24)[1] 죄를 범한 인간에 대한 형벌로 죽음이 오게 되었다.(창 2:16f., 3:17ff.; 비교. 잠 8:36) 사람은 땅에 쏟아지더라도 다시 주워 담을 수 없는 물과 같은 존재이고(삼하 14:14a), 죽을 수밖에 없는 존재이다. 죽음의 날을 거부할 수 있는 사람은 아무도 없다.(전 8:8) 생명에 대한 오랜 질문은 인간의 본질과 존재론적인 가치에 대한 질문이다. 이러한 생명은 인간의 가장 소중한 재산이고 가장 귀중하고 거룩한 선물이다. 그런데 이것은 인간의 범주 저편에 놓여 있다.

인생길에는 원치 않는 역경이 다가올 때가 있다. 그럴 때 사람들은 절망하고 포기한다. 그러나 믿는 사람은 이 어려움을 통해서 하나님의 뜻을 깨달아야 할 것이다. 요한복음 2장의 잔칫집에서 포도주가 모자랐기 때문에 사람들은 예수가 베푼 첫 번째 표적을 볼 수 있었다. 모자람을 통해 그들은 하나님의 복을 받았다.

이와 같이 때때로 인생의 길에서 만나는 모자람, 즉 실패와 인고의 분량은 사람에게 주어진 하나님의 분량이 된다. 그것은 하나님이 사람을 위해 예비하신 것으로 사람과 만남을 원하는 하나님의 분량이다. 하나님은 사람을 연단하시고 단련하셔서 정금같이 나오게 하신다. 그러므로 사람은 살아가면서 자기 생명의 근본이 하나님께 있다는 것을 인정하고 하나님 앞에 나아가 하나님과 사귐을 가질 때 비로소 생명의 위대함과 존귀함을 깨달을 수 있다. 서로가 서로를 인정하고 품어주며 다른 사람의 가치를 알아주는 데서 생명의 가치를 깨닫게 된다. 우리 각자가 사회의 일원으로서 책임을 다하고 가족과 이웃과 함께 서로 신뢰하고 사랑하는 가운데 바른 삶의 의미를 찾을 수 있다.

---

1) 비교. 겔 18:20, "범죄하는 영혼은 죽을 것이다."(הנפש החטאת היא תמות)

생명은 "생물이 살아서 활기 있다는 것을 표시하는 힘"[2]이다. 하나님이 베푼 인간에 대한 가장 친근한 행동은 인간에게 '하나님의 생명을 분배한다.'는 개념 속에 나타난다. 하나님은 생명의 샘(מקור חיים, 시 36:10)으로 인간에게 생명 주시기를 원하시므로[3] 생명에 대한 말을 할 때 그 생명은 인간의 생명에 대한 것이어야 한다. 예수는 자신의 선포에서 생명을 중심 주제로 두고 있다. 예수는 마태복음 16장 26절에서 "사람이 만일 온 천하를 얻고도 제 목숨을 잃으면 무엇이 유익하리요 사람이 무엇을 주고 제 목숨을 바꾸겠느냐"라는 말로 인간 생명의 고귀함을 말한다. 그러면 먼저 구약성경의 배경 속에서 생명 사상을 알아보자.

2) BAE, Jae Woog, "Wiedergeburt im Johannesevangelium," Diss. masch.(Tübingen, 2003), 200.

3) 비교. 창 2:7; 삼상 2:6; 욥 27:3; 시 19:7, 30:4, 104:30; 요 10:10; 행 17:25.

제2장 생명의 의미

생명

'생명' 은 한 존재를 새로운 존재로 만드는 능력이다. 구약 사상에서 생명은 신적인 것이다. 그리고 생명은 본질적으로 물질적 존재를 초월해 있다. 생명의 신적인 배경에 따라 구약성경은 생명의 거처가 되는 피를 흘리는 것을 금지한다.(창 9:4; 레 3:17, 17:10; 신 12:23) 구약성경에 의하면 '생명' 은 하나님에게서 기원되고(창 2:7), '생명' 의 능력은 긍정적이지만 인간의 범죄 때문에 죽음이 인류를 지배하게 된다.(창 2:17, 3:19)[1] 그러므로 하나님이 죄를 씻어주셔야만 인간은 신적인 구원의 기쁨을 다시 얻을 수 있다.(시 51:10ff.) 시편 51편 10절과 에스겔 36장 25f.절에 따르면 사람은 하나님의 정결케 함을 통해 새 마음을 얻게 된다. 여기에 새 창조에 대한 약속이 나타나고 있다. 이 약속은 하나님이 정결케 할 때 이루어지는 생명의 길이다.(겔 36:25) 이와 같이 구약에 나오는 기본적인 생명 이해는 죽음 뒤에 오는 생명이 아니라, 이 땅에서의 삶을 온전하게 잘 사는 것과 관련된다. 이 생명은 하나님의 선물이다. 궁극적으로 생명은 하나님과의 사귐 속에 있기 때문에 하

1) 잠 8:36; 롬 5:12, 6:23, 8:6; 엡 2:1; 약 1:15와 비교하라. 바울도 죽음이 죄 때문에 오게 되었다고 말하고 있다.(롬 5:12-14)

나님과의 관계 속에서 생명을 누려야 한다.(신 30:15-20) 그때 하나님의 임재를 느끼게 되고 하나님이 주시는 삶의 축복을 향유할 수 있다. 하나님과 맺은 이러한 관계를 죽음도 파괴하지 못한다. 하나님과의 이러한 관계 속에 있을 때 살아 계신 하나님은 그의 백성을 죽음마저 극복할 수 있는 신앙으로 인도하신다.(시 16:9-11, 49:15, 73:24)

생명은 원래 하나님의 것인데, 예수 그리스도를 통해 우리 인간들에게 선물로 주셨다. 예수는 생명을 신자들에게 나누어 주는 분이다.(요 17:22, 20:31)[2] 예수가 주시는 이 생명은 하나님과의 교제 속에서 얻어지는 생명이다. 요한복음 20장 31절에 보면 예수가 메시야라는 신앙을 통해 독자들이 영원한 생명을 얻도록 하기 위하여 요한복음을 기록하고 있다고 밝히고 있다. 요한복음 10장 10절은 예수가 이 세상에 온 목적을 사람이 생명을 얻도록 하는 것이라고 말한다. 그런데 이 생명은 우리의 내면 가장 깊은 곳에서 일어나는 구속자와의 만남과 교제 속에서 이루어진다.

기독교의 본질은 생명에 있다. 그러므로 기독교의 참된 사명은 생명을 구현하는 것이어야 한다. 이 생명은 예수 그리스도를 믿는 신앙 안에서 경험하고 동참해갈 수 있다. 믿는 자는 이미 생명을 선물로 받았다. 원래는 하나님의 것이었던 이 생명이 값없이 주어지므로 그리스도인은 생명 안에서 사는 존재가 된 것이다. 예수가 십자가 위에서 흘린 보혈의 능력으로 인하여 우리가 지금 여기서 이 생명을 누리는 것이다. 그러므로 때때로 있을 수 있는 인고(忍苦)의 삶이나 그 어떤 것도 생명의 위대함을 파괴할 수 없다. 그가 가진 소유가 넉넉한 것에 따라 사람이 존귀하고 위대한 것이 아니라, 하나님이 그에게 선물하신 생명 그 자체에 있다. 생명 그 자체만으로 사람은 위대한 것이고 존귀한 것이다.

---

2) Bruce Manning Metzger, *The New Testament*, 브루스 M. 메츠거/나채운 역, 『신약성서개설』(서울: 대한기독교출판사, 1983), 98.

신약의 생명 사상은 구약과 일치한다. 신약성경에서 하나님은 조에(ζωή)를 원래부터 자기 속에 가지는 분으로 언급된다.(요 5:26) 하나님은 생명을 지닌 분으로(요 5:26; 참조. 계 4:9-10, 10:6, 15:7), 살아 계신 하나님으로[3] 나타난다. 하나님은 영원히 사시는 분이다.(계 4:9, 10:6, 15:7) 신약성경에서 예수는 하나님의 아들로, 생명을 창조하는 생명의 주인으로, '자기의 영' 을 통해 죽은 자도 살릴 수 있는 분으로 묘사된다.(요 5:21, 6:57; 롬 4:17; 딤전 6:13) 신약에서 '생명' 혹은 '살다' 란 말은 '참된 삶' (생명)을 가리킨다.[4] 이 생명은 하나님 나라의 생명이고(마 25:46; 막 10:30) 하나님의 선물이므로 사람에게는 최고의 보상이다.[5]

'생명' 은 살아 있는 모든 존재(Dasein)의 '가장 소중한 것' 이고 '세상 무엇과도 바꿀 수 없는 것' 이다.[6] " '생명' 은 한 존재를 새로운 존재로 만드는 능력"[7]이다. 그것은 인간의 삶을 가능하게 하는 비밀스런 힘이다. 이 힘은 살아 있는 존재를 나타낸다. 구약성경은 생명의 기원이 하나님께 있다는 것을 말해준다.(창 2:7; 출 23:12; 사 5:14, 42:14)[8] 인

3) 마 16:16, 26:63; 요 6:68-69; 행 14:15; 롬 9:26.

4) 마 7:14, 18:8-9; 막 9:43, 45; 눅 10:28; 롬 1:17, 8:13; 살전 5:10; 히 12:9; 벧전 3:7; 벧후 1:3 등.

5) 공관복음에서 '생명' 은 '하나님의 나라' 와 같은 개념으로 쓰여진다.(막 9:46-47)

6) 강성열, "예언서에 나타난 하나님의 나라와 생명", in: 총회 교육부 편, 『성령님이 교통하시는 하나님의 나라와 생명』, 교육주제 23 (서울: 장로교출판사, 2001), 147-163.

7) 배재욱, "성경이 선언하는 인간 생명의 고귀함", 「목회와 신학」 190 (2005년 4월호), 61-67을 참조하라.

8) Otto Kaiser · Eduard Lohse, *Tod und Leben*, 오토 카이저 · 에두아르트 로제/박두환 옮김, 『죽음 그리고 삶』(성남: 민들레책방, 2002), 47-48을 보라; 아울러 Ernst Jenni · Claus Westermann, *Theologisches handworterbuch zum alten testament* (München: Kaiser, ^{2}1971), 73; Hans Walter Wolff, *Anthropologie des alten*

간의 범죄로 말미암아 찾아온 죽음[9]은 인간을 파멸시킨다.(창 3장; 겔 36:17, 19) 그런데 '생명의 샘' 이신 하나님(시 36:9)[10]은 죽음의 파멸 가운데 놓인 인간에게 '구원의 즐거움'(시 51:12)을 선물하시고 그에게서 새 생명을 창조하신다.(참조. 시 51:10; 롬 6:4; 딛 3:5)

Testaments, 한스 발터 볼프/문희석 역, 『구약성서의 인간학』(왜관: 분도출판사, 1985)을 참조하라.

9) 이 논문에서는 인간의 죽음 문제는 더 이상 다루지 않는다. 인간의 죽음 문제에 대해서는 Otto Kaiser · Eduard Lohse, *Tod und Leben*, 111-125; Herbert Vorgrimler, *Der Tod in Denken und Leben des Christen*, H. 포그리믈러/심상태 옮김, 『죽음: 오늘의 그리스도교적 죽음 이해』, 神學選書 5 (서울: 성바오로출판사, 1982); Gerhard Lohfink, *Der Tod ist nicht das letzte Wort: Meditationen* (Freiburg: Herder, 1976), 한국어 번역본 게르하르트 로핑크/이석재·신교선 역, 『죽음이 마지막 말은 아니다』(서울: 성바오로출판사, 1989); Eberhard Jüngel, *Tod*, Gütersloher Taschenbucher (Gütersloh: Gütersloher Verlags-Haus Mohn, ^{5}1993); 김균진, 『죽음의 신학』(서울: 대한기독교서회, 2002), 122; 박노권, "현대 죽음 이해에서 종교적, 도덕적 의미의 회복", 「선교와 신학」 제17권 (2006), 199-228, 특히 201-203을 참조하라.

10) 배재욱, "요한복음이 말하는 영원한 생명에 대한 소고", 「선교와 신학」 제14집 (2004), 199-227, 286-287과 배재욱, "성경이 선언하는 인간 생명의 고귀함", 61-67에서 인간의 생명은 생명 그 자체로서도 의미가 있지만 그 생명의 기원이 하나님께 있다는 점에서 고귀하다고 강조한 바 있다. 맹용길, 『자연, 생명, 윤리』(서울: 임마누엘, 1992); 문인찬, 『인간 생명에 관한 윤리 신학적 고찰』(감리교신학대학, 1989)도 아울러 참조하라.

제3장 생명 사상에 대한 연구동향

생명

헬라 철학자 플라톤(Platon)은 영혼은 불멸한다는 논지로 영혼이 신체란 감옥에 갇혀 있다가 인간이 죽을 때 비로소 영혼이 육체로부터 해방된다고 보았다. 플라톤은 그의 저서 『파이돈』[1]에서 영혼불멸에 대하여 언급한다. "플라톤에 의하면, 인간은 몸과 영혼으로 구성되어 있는 것이고,[2] 죽음은 영혼이 몸으로부터 분리되는 것[3]이다. 육체는 영혼이 진리를 인식하는 과정에서 장애로 등장하기 때문에[4] 진리에 이르기 위해서는 영혼은 육체의 감옥으로부터 벗어나야 한다.[5] 그 결과 인간의 영혼은 몸으로부터 벗어나 영원히 불멸하는 이데아의 세계로 들어가게 되며, 이것이 바로 인간 영혼의 구원을 말하는 영혼불멸성[6]의 내용이다."[7]

---

1) 플라톤/박종현 역, 『에우디프론 소크라테스의 변론 크리토 파이돈』(서울: 서광사, 2003).
2) 플라톤, 『크리토 파이돈』, 79.
3) 플라톤, 『크리토 파이돈』, 64.
4) 플라톤, 『크리토 파이돈』, 66.
5) 플라톤, 『크리토 파이돈』, 62.
6) 플라톤, 『크리토 파이돈』, 80, 105, 106.
7) 정기철, "생명신학의 과제", 『생명의 영성』, 조직신학논총 11집(2004), 253-254.

그의 제자 아리스토텔레스(Aristoteles)는 "『영혼에 관하여』[8]에서 영혼을 기능이나 원리로 이해한다."[9] 그리고 그는 영혼을 "'생명을 잠재적으로 가지는 자연적 신체의 제일 현실태'로 정의한다. 이러한 정의에 따르면, 영혼을 갖는다는 것은 생명을 갖는다는 것을 의미하며, 생명을 갖는다는 것은 생명 유지에 필요한 능력들, 이를테면 영양섭취 능력이나 종류에 따라 감각능력, 욕구능력, 장소운동 그리고 지각능력을 가져야 한다."[10]

플라톤의 인간 생명에 대한 정의가 인간 생명에 대한 플라톤의 이해가 내려진 뒤 "약 2500년이 지난 뒤에 '인간은 유전자 프로그램의 신호체계'일 뿐이라는 생물학적 정의가 나왔다."[11]는 사실에서 현대 인간 생명 이해의 위치를 추적할 수 있을 것이다. 생명에 대한 질문은 자연과학에서도 근본이 되는 중요한 질문이다. 양자물리학자 슈뢰딩거(Erwin Schrödinger)는 생명 현상이 결국 물리학과 화학으로 설명될 수 있다고 보았던 선구적인 인물로, 유전물질의 물리적 본성을 앎으로써 생명의 본질을 찾을 수 있다는 것이다.[12] 생명의 신비에 대한 슈뢰딩거의 양자역학적 해석은 현대적인 관점에서는 부정확한 점이 있음에도 불구하고 현대과학의 생명 이해를 위한 선구적인 역할을 감당했다. 그런데 이 슈뢰딩거의 생명 이해는 현대 기독교의 생명 이해와 "궁극적인 차이점"[13]을 보인다. 그 궁극적인 차이는 자연과학은 인간 생명을 '생

8) 아리스토텔레스/유원주 역, 『영혼에 관하여』(서울: 궁리, 2001).

9) 정기철, "생명신학의 과제", 250.

10) 정기철, "생명신학의 과제", 250.

11) 정기철, "생명신학의 과제", 258에서 정기철은 "논란을 피하기 위하여 인용만 하고 주장하는 이의 출처를 밝히지 않음"이라고 하며 구체적으로 그 출처를 밝히지 않는다.

12) Erwin Schrödinger, *What is life?: the physical aspect of the living cell*, 에르빈 슈뢰딩거/서인석·황상익 [공]옮김, 『생명이란 무엇인가?: 물리학자의 관점에서 본 생명현상』(서울: 한울, 2003)의 곳곳을 보라.

리적' (physiological), '대사적' (metabolic), '유전적' (genetic), '생화학적' (biochemical) 및 '열역학적' (thermodynamic) 등의 입장에서 다양하게 정의하지만 기독교 신학에서는 자연과학과 달리 인간의 생명을 물질적인 의미에서만 탐구하지 않는다는 데 있다.[14)]

1995년에 출간된 데이비드 헐(David Hull)의 『생명과학철학』(*Philosophy of Biological Science*)[15)]은 생명 문제를 생명 과학과 철학의 입장에서 진단하고 2004년도에 출간된 리키 루이스의 『생명 과학』[16)]은 생물을 유전학과 진화론 같은 순수한 자연과학적 입장에서 진단하여 생명의 다양성에 대해 다루고 있다. 이러한 생명 자체에 대한 연구가 자연과학적 입장에서는 많이 연구되고 있는 데 반하여 신학적인 입장에서는 연구된 글들이 많지 않다. 생명을 경시하고 인간의 가치가 물질로 평가되는 현실 속에서 생명 윤리에 관한 연구들이 요구된다. 이러한 요구에 부응하여 최근에 와서는 생명에 대한 글들이 많이 발표되고 있다.[17)] 스콧 래와 폴 콕스(Scott B. Rae & Paul M. Cox)[18)]의 생명윤리

---

13) 정기철, "생명신학의 과제", 260.

14) 이것에 대해서는 정기철, "생명신학의 과제", 260-261을 참조하라. 현대과학은 인간의 생명 문제에서 인간 영혼과 자유 의지까지 물질에서 비롯된 것으로 이해하여 이것이 사람이 죽을 때 동시에 소멸된다는 입장을 취하고 있다.

15) David Hull, *Philosophy of Biological Science*, 데이비드 헐/하두봉·구혜영 옮김, 『생명과학철학』, 대우학술총서. 번역 72 (서울: 민음사, 1995).

16) 리키 루이스/박용근·이강오 외, 『생명 과학』(서울: 정문각 [구]정문사[의학], 2004).

17) 생명 윤리에 대해서는 차영섭, 『인간의 생명에 대한 연구』(서울: 장로회신학대학교 석사학위 논문, 1997); Scott B. Rae·Paul M. Cox, *Bioethics: a christian approach in a pluralistic age*, 스콧 래·폴 콕스/김상득 역, 『생명윤리학: 다원주의 문화와 기독교적 접근법』, 우리 시대의 신학총서 8 (서울: 살림출판사, 2004); Norbert Greinacher, *Menschlich leben: eine christliche Deutung*(Theologische Meditationen 66, Zürich [u.a.]: Benziger, 1986), 한국어 번역은 노르베르트 그라이나허/이경우 옮김, 『사람답게 살고자: 人生講論』, 분도소책 43 (왜관: 분도출판사, 1988)을 참조하라.

학은 오늘날 의학 및 생명공학의 발달로 제기된 첨단 생명 윤리의 물음에 대하여 분명한 논리전개를 통해 생명윤리학에 쉽게 접근할 수 있게 한다. 또한 몰트만(J. Moltmann)은 그의 책 『생명의 샘』에서 신학의 사명에 대한 이론과 함께 실천적인 면을 조화시켜, 우리 시대의 생명문제를 "성령론적 생명신학" 안에서 찾고자 하였다.[19] 그는 또 자신의 책 『창조 안에 계신 하나님』에서 창조론의 생태학적인 이해를 추구하고 있다.[20] 그는 우주적인 영의 가능성과 그의 활력을 성령과 일치시키고 있다.[21] 그래서 그는 하나님 나라의 운동을 자연과 함께 미래를 새롭게 개척하는 운동으로 생각하고 이 하나님 나라 운동은 '하나님의 영'의 활동으로 인해 가능하다고 보았다.[22] 이러한 몰트만의 생명 이해에 대하여 황덕형은 "과연 인간이 그 어떤 계시의 간섭 없이도 자연의 현상을 통하여 삼위일체적 하나님의 창조 사역을 직접적으로 말할 수 있는가?"[23]라고 질문하면서 바르트적인 생명 이해를 대입하여 예수 그리스도의 계시 사건 속에서 인간과 세계의 조화를 주장한다. "자연과 인간의 물아 일치적 연대감이 아니라 그 자연 밖에서 자연을 향해 책임적으로 만드는 그 생명의 영을 만나는 것이 생태학의 목표에 이르는 길이다. … 계시를 통한 타자성의 확보가 바로 생태학적 신학의 근원이

18) Scott B. Rae · Paul M. Cox/김상득 역, 『생명윤리학』(서울: 살림출판사 2004); 김명용, "성령 · 창조 · 새창조", 「기독교사상」, 통권 385호 (1991년 1월), 28-38; 이국현, 『성경의 핵심적 주제로서의 생명에 관한 기독교 윤리학적 연구』(서울: 장로회신학대학교 석사학위 논문, 1990).

19) J. 몰트만/이신건 역, 『생명의 샘』(서울: 대한기독교서회, 2000).

20) Jürgen Moltmann, *Gott in der Schöpfung: ökologische Schöpfungslehre* (München: Kaiser, 1985).

21) Jürgen Moltmann, *Gott*, 23을 보라.

22) Jürgen Moltmann, *Gott*, 168f., 282f.를 참조하라.

23) 황덕형, "생명의 영성. 계시의 자연주의는 가능한가", 『생명의 영성』, 조직신학논총 11집(2004), (11-34), 23.

되어야 한다. 그리고 그 근원은 자연에서 생명을 일으키는 하나님의 성령을 아는 것이며 성령께서 지시하신 그리스도를 인식하는 길이다."[24] 성서학적인 입장에서 생명을 연구한 독일 학자 무스너(Franz Mussner)의 저서 *ZΩH. Die Anschauung vom "Leben" im vierten Evangelium unter Berucksichtigung der Johannesbriefe. Ein Beitrag zur biblischen Theologie*(조에. 요한서신을 고려한 요한복음에서의 '생명'에 관한 표상[表象]. 성서신학에 대한 한 기고[起稿])는 지금도 여전히 다양한 분야에서 생명에 대한 고전으로 많이 인용되고 있다.[25]

24) 황덕형, "생명의 영성. 계시의 자연주의는 가능한가", 34.

25) Franz Mussner, *ZΩH. Die Anschauung vom "Leben" im vierten Evangelium unter Berucksichtigung der Johannesbriefe. Ein Beitrag zur biblischen Theologie* (München: Karl Zink, 1952).

제4장 신약성경의 생명 사상의 배경

생명

1. 구약성경에 나타난 생명[1)]

1) 구약성경이 말하는 생명의 기원

생명의 기원에 대한 질문은 생명 일반의 기원이 아니라 창조의 하나님에 대한 것이어야 한다.[2)] 구약에서 생명의 부여자는 항상 하나님이다. 이 생명에 대한 사상은 구약성경에서 세 가지 용어, 즉 '루아흐'(רוּחַ), '네페쉬'(נֶפֶשׁ), '하이이임'(חַיִּים)으로 표현된다.[3)]

---

1) 구약성경에서의 생명 사상에 대해서는 L. Dürr, *Die Wertung des Lebens im Alten Testament und im antiken Orient. Verzeichnis der Vorlesungen an der Staatl. Akademie zu Brannsberg im Winter 1926/*7 (Kirchhain N. L., 1926); 배재욱, "요한복음이 말하는 영원한 생명에 대한 소고", 201-206을 참조하라.

2) 전경연, "생명에 대한 성서적 신앙", 「기독교사상」(1975/5월호), 85; K. Barth, *Kirchliche Dogmatik*, II/4. III/2(Zürich: Evz-Verlag, 1957)을 참조하라.

3) 하이이임(חַיִּים)은 구약성경 맛소라 본문에 147번 나온다. 더욱 '하이이임'이 맛소라 본문 두 곳에서 하이이인(חַיִּין)으로 변형되어 나타난다. 149번 등장하는 '하이이임'은 칠십인역에서 '조에'(ζωή)로 130번, '젠'(ζῆν)으로 10번 번역되어 등장한다.

루아흐(רוּחַ)는 헬라어로는 주로 '프뉴마'(πνεῦμα)를 의미한다. 이 '루아흐'는 생명의 자발성을 말할 때 사용된다. 그리고 그것과는 달리 네페쉬(נֶפֶשׁ)와 하이이임(חַיִּים)은 특히 '생명의 원리', '생명력'을 나타낸다.[4]

히브리어 '네페쉬'는 헬라어로는 '푸쉬케'(ψυχή)로 번역된다. 헬라어 '푸쉬케'는 헬라어권에서는 통상 '생명'[5]을 말한다.[6] 히브리어 '네페쉬'도 생명을 뜻하는 의미로 빈번하게 사용된다.[7] 그런데 이 '네페쉬'는 '담'(דָּם, 피) 속에 거처를 가진다. 이 '네페쉬'는 어떤 한 부분이 아니라 인간 본질의 요소이다. 창세기 2장 7절에 따르면 인간 생명의 기원이 하나님으로부터 유래되었다. 사람의 육체는 하나님에 의해 땅의 먼지로부터 빚어졌고 하나님이 사람의 코에 생기를 불어넣어 주셨을 때 그 사람이 살아 있는 존재가 되었다. 여기서 하나님은 생명의 하나님이고 인간 생명의 주체자이다.(신 32:40; 삿 8:19; 룻 3:13; 삼상 14:39, 19:6; 렘 5:2 등) 하나님은 "살아 계신 하나님"으로 불리고(신 5:26; 수 3:10; 삼상 17:26; 왕하 19:4; 참조. 마 26:63; 행 14:15; 롬 9:26; 계 7:2), 하나님의 본성 자체는 생명이다. 그리고 생명은 하나님의 영에 의해 주어졌으므로(창 2:7; 비교. 6:17, 7:15, 22; 시 104:29), 각 개인의 생명은 하나님의 소유물이다.

구약성경에서 '하이이임'은 단순한 보편적인 생명(Leben)이 아니라 양적이고 질적인 의미에서의 충만한 삶, 만족할 만하고 행복한 생명, 즉 참된 생명을 의미한다.[8] 이 구약적인 생명 이해는 욥의 이야기를 통해

---

4) BAE, Jae Woog, *Wiedergeburt im Johannesevangelium*, 200을 참조하라.

5) 출 3:15, 4:19; 삼상 20:1; 삼하 18:13, 19:6; 시 59:4를 참조하라.

6) W. Eichrodt, *Theologie des Alten Testaments*, Bd. II-III, Leipzig, Nachdr. (Stuttgart/Göttingen: Bd. I – ^{6}1959; ^{4}1961; ^{5}1964), 87.

7) 출 4:19, 30:15; 삼상 20:1; 시 59:4.

8) 신 30:15; 시 34:13, 115:11; 잠 3:2.

잘 조명되는데, 특별한 시련 뒤에 욥에게 주어지는 새로운 운명과 생명이 훌륭하고 아름답고 소중하게 인식되어진다.(욥 42:10-16)

2) 구약성경의 생명 이해

구약에 나오는 기본적인 생명 이해는 죽음 뒤에 오는 생명이 아니라, 이 땅에서의 삶을 온전하게 잘 사는 것과 관련된다. 그런데 이 생명은 하나님의 선물이다. 궁극적으로 생명은 하나님과의 사귐 속에 있기 때문에 하나님과의 관계 속에서 생명을 즐겨야 한다.(신 30:15-20) 그때 하나님의 임재를 느끼게 되고 하나님이 주는 삶의 축복을 향유할 수 있다. 하나님과의 이러한 관계를 죽음도 파괴하지 못한다. 이러한 관계 속에 있을 때 살아 계신 하나님은 그의 백성을 죽음마저 극복할 수 있는 신앙으로 인도하신다.(시 16:9-11, 49:15, 73:24) 구약성경이 말하는 생명 사상에 따르면 여호와가 생명의 창조자이고 생명의 주인이므로 단지 여호와만 사람의 생명을 보증할 수 있고 생명은 전적으로 그의 손에 달려 있다.[9)]

헬라어 조에(ζωή)는 히브리어 하이이임(חַיִּים)과 동일한 의미를 가진다.[10)] 죽음 반대편에 있는 생명은 영원한 생명이다. 마카비 시대 이래로 죽음 후의 영원한 생명에 대한 기대가 점점 더 확고하게 나타난다. 하나님은 죽은 자를 살리고(참조. 요 5:21, 6:63), 새로운 존재로 창조한다.(고후 5:17)

구약에서 '죄 씻음', '용서' 그리고 '성령 수여'는 '생명' 개념과 관

9) K. Köhler, *Theologie des Alten Testaments*, N T G (Tübingen, [4]1966), 77; G. Bertram, Art. "ζάω, ζωή (βιόω, βίος)," *ThWNT* II(1935), 853-856를 참조하라.

10) C. K. Barrett, *The Gospel according to St. John* (London, [2]1978), 213을 참조하라.

련되어 있다. 시편 116편 8절에 보면 시인은 "주께서 나의 영혼을 사망에서 구원하셨도다."라고 말한다. 죽음의 곤궁으로부터 구원을 언급하고 있다. 여기서 말하는 곤궁은 죽음의 한 종류, 즉 죽음과 같은 고통이다. 그것으로부터 자유함이 죽음으로부터의 구원으로 묘사된다.[11] 여기서 나타나는 한 가지 문제는 이 시편의 시인이 곤궁함 때문에 잃어버렸다가 그것으로부터 풀려남을 통해 다시 얻게 되는 생명의 본질이 무엇인가 하는 것이다.

'생명'은 광범위한 개념을 포함하는 말이지만, 각각의 비밀스런 힘을 의미하기도 한다. 구약성경의 증언에 따르면 생명은 하나님으로부터 온다.(창 2:7) 이러한 연관 속에서 그 생명의 힘이 구약에서 긍정적으로 표상화된다.[12]

사람은 죄를 지었기 때문에 죽을 수밖에 없고(창 3:22-24; 비교. 겔 18:20), 다시 일어설 수 없다. 하나님이 그들을 억누르고 그들에게서 생명을 취한다.(사 26:14) 그러나 그러한 인간에게도 구원의 길이 있다. 하나님은 죄로 물든 인간 본성을 정결(淨潔)하게 하신다. 오직 하나님만이 생명의 샘(시 36:9)이고 구원의 즐거움(시 51:12)을 창조하신다. 하나님이 죄를 용서하시면(시 51:9, 11), 인간은 하나님의 영을 통해 생명의 힘을 다시 얻게 된다. 시편 51편 7절에는 하나님의 구원이 죄 씻음과 관련되어 나타난다. "우슬초로 나를 정결하게 하소서. 내가 정하리이다. 나의 죄를 씻어 주소서. 내가 눈보다 희게 되리이다."(시 51:7) 하나님은 이렇게 씻음을 통해 인간 속에 정한 마음을 창조하시고(시 51:12; 겔 36:25f.) 구원의 즐거움을 창조하신다. 시편 51편 10-13절에

11) Ch. Barth, *Die Errettung vom Tode. Leben und Tod in den Klage- und Dankliedern des Alten Testaments*, neu hg. v. B. Janowski (Stuttgart, 1997), 11을 보라. 이와 비슷한 언급이 시 30:3에도 나타난다: "여호와여 주께서 내 영혼을 스올에서 끌어내어 나를 살리사 무덤으로 내려가지 아니하게 하셨나이다."

12) Ch. Barth, *Die Errettung vom Tode*, 19를 보라.

서 시인은 자신이 새롭게 되기를 하나님께 간구한다. 사람은 아무리 노력해도 스스로 선을 행할 능력이 없는 존재이다. "하나님이여 나에게서 정한 마음을 창조하소서. 그리고 항구적이고 새로운 영을 내 속에 가져오소서."(시 51:10)라고 하나님께 간구할 때 자기의 인간적인 본성을 깊이 깨닫게 된다.(시 51:5-10) 이때 하나님이 그의 의지에 따라 인간 속에 새로운 본성을 창조하시고 비로소 이때 사람은 새로운 존재가 된다. 이것은 사람이 가지고 있는 고유한 능력에 의해서가 아니라 하나님이 선물한 영으로만 이룰 수 있다. 그래서 시편 51편 12절에서 기도자는 "주의 도움으로 나를 다시 즐거워하게 하시고 '너그러운 영' (רוח נדיבה)으로 나를 부축해 주소서."라고 탄원한다. 시편 51편 10절은 '바라' (ברא)라는 동사를 사용하고 있는데 '바라' 는 절대적으로 오직 하나님의 창조를 말할 때 사용되고 이 동사의 주어는 항상 하나님이다.[13] 이것은 오직 하나님만이 인간의 속을 새롭게 한다는 것을 말한다.[14]

에스겔 36장 25ff.절에서도 하나님이 마음을 정결케 하는 주체자이다. 에스겔 36장 26-27절에서 씻고 정결케 하는 행위의 주체는 하나님이다.[15]

모든 인간은 죄의 본성 위에서 살아간다.(비교. 시 51:5) 그러므로 인간에게는 정결케 하는(겔 26:25) 하나님의 성령(רוח קדש)이 필요하

13) H. -J. Kraus, *Psalmen*, Biblischer Kommentar 15/1 (Neukirchen-Vluyn: Neukirchener Ver., 1978), 546과 비교하라.

14) 새로운 마음을 창조해 달라는 이 말의 밑바닥에는 선한 의지를 지킬 수 있는 인간의 노력의 한계에 대한 인간 본성에 대한 깊은 깨달음이 표출되어 있고, 이것의 극복은 하나님의 새로운 창조에 있음을 보여준다. 인간의 마음을 변화시킬 수 있는 분은 오직 하나님뿐이다. 인간은 하나님의 영의 도움으로 인간 자아를 극복할 수 있다. 기도자는 여기서 기계적으로 주어진 하나님의 영과의 외적인 연합이 아니라, 인간의 삶 전체가 항구적으로 하나님과 유기체적인 관계 속에 있음을 말한다.

15) 비교. 렘 33:8; 겔 24:13, 36:25, 33, 37:23; 말 3:3.

다.(비교. 시 51:10; 겔 36:26) 시편 51편에서 성령은 인간을 정결케 하고 그의 속에서 새롭게 하는 하나님의 힘으로 나타난다.(겔 36:25) 그러므로 정결은 성령을 통해 일어난다. 이 성령의 정결을 통해 사람에게 '생명'의 환희와 구원의 즐거움이 주어진다.(딛 3:4-7)

시편 51편에 보면 시인은 자기의 회복을 위해 하나님의 구원의 즐거움과 그의 영을 탄원하면서 주의 백성으로서의 삶의 길을 다짐한다.(시 51:13, 15, 19) 그런데 여기서 말하는 생명의 본질은 무엇인가? 이제 구약성경이 말하는 생명의 본질에 대하여 살펴보고자 한다.

3) 구약성경의 생명 본질

구약성경은 항상 생명의 부여자가 하나님이라는 전제(前提)에서 출발하므로 전경연[16)]은 생명의 기원에 대한 질문이 하나님으로부터 시작된다고 본다. 구약성경에서 '루아흐'(רוּחַ), '네페쉬'(נֶפֶשׁ), '하이이임'(חַיִּים) 등의 용어가 생명을 표현하는 말로 사용된다. 이 용어는 구약성경에서뿐만 아니라, 초기 유대교에서도 사용된다. 구약성경에서 하나님은 '살아 계신 하나님'(신 5:26; 수 3:10; 삼상 17:26; 왕하 19:4)으로 '생명의 주체자'(참조. 신 32:40; 삿 8:19; 룻 3:13; 삼상 14:39, 19:6; 렘 5:2)이다. 이러한 구약성경의 생명 이해는 창세기 2장 7절로부터 유래한다. 하나님이 흙으로 사람을 빚은 후 코에 생기를 불어넣었을 때 그 사람이 생명을 가지게 되었다는 묘사(참조. 창 2:7; 비교. 6:17, 7:15, 22; 시 104:29)는 생명의 기원이 하나님께 있음을 나타낸다. 이러한 묘사를 통해 구약성경은 생명이 하나님의 손에 달려 있고 하나님의 주권 아래 있음을 말한다. 하나님은 생명의 주인으로 모든 생명을 보증할 수

16) 전경연, "생명에 대한 성서적 신앙", 85; K. Barth, *Kirchliche Dogmatik,* II/4, III/2를 참조하라.

있다. 이러한 이유로 볼프(Hans W. Wolff)는 하나님을 "호흡의 창조자", 또는 "모든 피조물의 보호자"라고 묘사한다.[17] 구약성경에서 생명의 기원이 하나님께 있다(참조. 창 2:7)는 묘사를 통해 생명의 힘이 긍정적이라는 것을 암시한다.[18] "사람의 영혼은 여호와의 등불이라"는 잠언 20장 27절의 말을 볼프는 "여호와가 인간의 '숨'을 지키신다."고 해석하고 있다.[19] 볼프의 이러한 이해는 인간의 생명이 하나님께 기인되고 하나님의 보호 아래 있음을 보여준다. 이 호흡이 생명의 표시라는 사실을 통해 구약성경은 인간이 하나님과 깊은 연관 속에 관계를 맺고 있음을 보여준다.(창 2:7; 시 104:29; 참조. 행 17:25) 하나님으로부터 기원되고 하나님이 보호하는 생명을 즐김으로써 사람은 자신에게 주어진 생명의 기쁨을 온전하게 누리게 되고, 하나님과 올바른 관계 속에서(신 30:15-20) 생명의 즐거움을 발견하게 된다.

하나님의 본성 자체가 생명이다. 그리고 각 개인의 생명은 하나님의 소유물이다. 하나님의 영에 의해 생명이 인간에게 선물로 주어졌다.(참조. 창 2:7, 6:17, 7:15, 22; 시 104:29) 구약성경에서 보면 "단지 인간만이 영혼의 호흡을 함으로써 신적인 생명의 원리를 소유"하고 있음을 나타낸다.(참조. 시 30:3, 104:29-30)[20] 인간은 여호와가 아담에게 불어 준 호흡(창 2:7; 시 104:29, 146:4; 사 42:5; 참조. 행 17:25)으로 인해 생명을 갖게 된 존귀한 존재이다. 하나님이 생명의 주인이므로 사람이 그와 바른 관계[21]를 맺을 때 하나님의 은총과 축복 속에서 생명의 가

17) Hans Walter Wolff, *Anthropologie des alten Testaments,* 118을 보라; G. Bertram, Art. "ζάω, ζωή (βιόω, βίος)," 853-856을 참조하라.

18) Ch. Barth, *Die Errettung vom Tode*, 19를 참조하라.

19) Hans Walter Wolff, *Anthropologie des alten Testaments*, 118.

20) Otto Kaiser · Eduard Lohse, *Tod und Leben*, 48.

21) H. -J. Kraus, *Theologie der Psalmen*, BK XV/3 (Neukirchen-Vluyn: Neukirchener Verlag, ²1989), 한스-요아킴 크라우스/신윤수 옮김, 『시편의 신학』(서울: 비블리카 아카데미아, 2004), 125를 참조하라.

치를 바르게 누릴 수 있다.

이처럼 구약성경에서의 생명 사상은 하나님과 관계를 가진다는 관점에서 이해된다. 생명은 믿음으로, 즉 구원의 하나님을 신뢰함으로써 얻게 되는 구원의 기초로 이해된다.(합 2:4)

4) 온전한 삶으로서의 생명

구약성경에서 생명은 인간이 어떤 모습으로 사는가에 대한 질문과도 관련된다. 인간은 하나님의 선물인 자신의 생명(참조. 창 2:7; 시 54:4, 72:13; 렘 20:13; 롬 5:17)을 온전하게 지키고 바르게 누리는 삶을 살아야 한다. 인간 각자는 하나님의 선물인 이 생명을 바르게 인식하고 지키고 누려야 할 책임이 있는 존재이다. 그래서 구약성경의 생명관은 종교적인 면에서뿐만 아니라 윤리적인 차원으로도 이해되고 있다.(참조. 출 20:12; 신 5:16; 잠 13:3) 출애굽기 20장 12절은 "네 부모를 공경하라 그리하면 네 하나님 여호와가 네게 준 땅에서 네 생명이 길리라."는 말로 윤리적인 교훈을 생명과 연결시킨다. 잠언 4장 10절과 9장 11절에서는 지혜의 교훈을 듣고 지키는 것이 생명과 연관되어 있다. 그런데 "내 아들아 들으라 내 말을 받으라 그리하면 네 생명의 해가 길리라."(잠 4:10)와 "나 지혜로 말미암아 네 날이 많아질 것이요 네 생명의 해가 네게 더하리라."(잠 9:11)는 잠언에 나타나는 생명에 대한 진술은 영적이고 구원론적인 신약성경의 생명 사상과는 달리 교훈적이고 현재적이고, 시간적인 테두리 안에 존재하는 생명 사상을 나타낸다.[22] 잠언의 이러한 교훈은 출애굽기 20장 12절의 "네 부모를 공

22) 잠언 9:6b에 나타나는 생명과 지혜의 연관성이 자주 나타난다.(참조. 3:16, 18, 4:13b, 8:35) "지혜도 지혜의 열매로서 생명을 약속한바 있다." 이것에 대해서는 Roland E. Murphy, *Proverbs*, WBC 22 (Nashville: Thomas Nelson, 1998);

경하라 그리하면 네 하나님 여호와가 네게 준 땅에서 네 생명이 길리라."는 십계명의 제5계명에서 생명을 인간학적인 면에서 언급하는 것과 같은 맥락에 있다. 이런 측면에서 볼 때 이스라엘과 하나님 간에 맺어진 계약(참조. 신 4:13, 5:2f.; 렘 31:31)이 생명 사상과 결부된다.[23] 구약성경의 생명 사상은 윤리적인 차원으로 나타난다.

신명기 30장 15-20절은 여호와 계명의 특성을 제시한다. 이 계명은 "생명과 복과 사망과 화"를 가늠하고 있다. 구약성경은 '삶의 비극'(욥 7:1; 참조. 집회 40:1-4)과 '헛됨'(전 1:2, 17, 2:11)에 대해서도 묘사하지만 그와 아울러 '행복한 삶'과 '생명의 아름다움'도 강조한다.(전 9:4-6, 11:7) '삶의 비극'과 '헛됨'은 생명의 근원인 하나님과 멀어질 때 나타난다. 생명의 샘[24](מְקוֹר חַיִּים)인 하나님을 떠나는 것은 생명의 길이 아닌 헛된 길을 찾는 것이다.(참조. 전 6:11-12) 하나님은 행복을 창

한국어 번역본 롤랜드 E. 머피/박문재 옮김, 『잠언』, WBC 성경주석 22 (서울: 솔로몬, 1999), 121을 보라.

23) 하나님과의 관계는 하나님과의 계약 속에서 기인된다. 이 계약에서 하나님은 생명의 부여자이다.(참조. 말 2:5) 말라기 2장 5절에 보면 "나의 언약은 생명과 평강의 언약이라"고 하면서 계약과 생명의 깊은 관계를 나타낸다. John I. Durham, *Exodus*, WBC 3 (Dallas: Word Books Pub., 1987), 290을 참조하라. 계약에 대해서는 H. Gese, "Der Davidsbund und die Zionserwählung(1964)," in: ders., *Vom Sinai zum Zion. Alttestamentliche Beiträge zur biblischen Theologie*, BEvTh 64 (München, 1990), 113-129; H. Lichtenberger, "Alter und Neuer Bund," *NTS* 41 (1995), 400-414; H. Lichtenberger, "'Bund' in der Abendmahlsüberlieferung," in: F. Avemarie/H. Lichtenberger (Hg.), *Bund und Tora. Zur theologischen Begriffsgeschichte in alttestamentlicher, frühjüdischer und urchristlicher Tradition* (Tübingen, 1996), 217-228; H. Lichtenberger/E. Stegemann, "Zur Theologie des Bundes in Qumran und im Neuen Testament," in: *KuI* 6 (1991), 134-146; H. Lichtenberger/S. Schreiner, "Der neue Bund in jüdischer Überlieferung," *ThQS* 176 (1996), 272-290을 보라.

24) 시편 36장 9절(BHS에는 36:10)에 나오는 מְקוֹר חַיִּים가 개역개정본에는 "생명의 원천"으로 번역됨.

조하고 소망과 기쁨을 주는 원천이다. 하나님은 생명의 창조자이고(참조. 창 2:7), 생명의 보존자(참조. 욥 10:12)이고 생명의 완성자이다.(참조. 사 38:16; 계 22:1-5, 17) 이스라엘 앞에 생명과 구원(참조. 창 19:19, 45:5, 7, 50:20; 시 27:1, 55:18; 렘 20:13)이 놓여 있다. 그뿐만 아니라 '생명과 구원'과 대조되는 '죽음과 두려움'(참조. 욥 24:17)도 아울러 놓여 있다. 하나님은 사망에서 생명으로 인도하는 생명의 구원자이다.(참조. 시 56:13; 렘 21:8) 그 하나님의 백성인 이스라엘이 신명기 30장 19-20절에서 '생명'을 선택하도록 하는 것으로 귀결된다. 이 신명기 법은 여호와의 말씀을 청종함으로 생명을 택하는 것(신 30:19-20)이라고 밝힘으로써 생명의 길은 하나님과 올바른 관계 속에서 온전히 찾을 수 있음을 지시한다. 인간이 자신의 창조주인 하나님과 바른 관계를 맺을 때 생명의 존귀함을 알 수 있으며 그 가치를 깨닫게 된다.(참조. 시 16:9-11, 49:15, 73:24) 나아가 바른 생명의 길을 알고 하나님과 올바른 관계 속에서 하나님의 법에 복종할 때 최상의 행복을 경험하게 된다.[25] 구약성경이 제시하는 행복의 원천은 '참 삶'(욥 5:26; 시 91:16; 잠 3:2, 16, 22, 4:10, 22, 8:35, 9:11, 10:27)과, '지혜'(잠 4:10, 8:35, 9:6)와 '인생의 경험'(전 11:7-8)이다. 하나님과 바른 관계를 맺을 때 온전한 생명의 길을 찾게 되므로 생명의 존귀를 지키게 되고 올바른 생명의 길을 걷게 된다.(참조. 시 16:9-11, 49:15, 73:24) 이러한 올바른 생명의 길을 통해 얻게 되는 참 삶과 관련되는 생명 사상이 잠언에 많이 나타난다. 잠언에 나타나는 생명 사상은 다분히 현실적인 삶과 관련되어 있다.(참조. 잠 3:2, 16, 22, 4:10, 22, 8:35, 9:6, 11, 10:27) 잠언 13장 14절도 이 땅에서의 삶과 관련된 생명에 대해 "지혜

25) 구약성경의 윤리에 대해서 참고문헌 목록과 함께 정리한 장흥길, 『신약성경윤리』, 장로회신학대학교 100주년 기념총서 XV (서울: 장로회신학대학교출판부, 2002), 40-43을 참고하라.

있는 자의 교훈은 생명의 샘"이고 이것이 인간을 "사망의 그물에서 벗어나게 한다."고 한다.[26)]

5) 구약성경이 말하는 생명 사상의 특징[27)]

구약성경에서 '생명' 사상은 어떤 개인에 대한 묘사에 나타날 뿐만 아니라, 이스라엘 등의 민족공동체와 어떤 집단의 활동과 경험에 대해서도 아울러 사용된다.[28)] 구약성경에서 생명의 유래는 창세기 2장 7절에 하나님이 사람의 코에 생기를 불어넣는 것에서 찾을 수 있다.

구약성경은 하나님이 창조하신 '육체의 생명'(נֶפֶשׁ הַבָּשָׂר)이 '피 속에'(בַּדָּם) 거처를 두고 있다고 본다.(참조. 레 17:11; 비교. 창 9:4; 레 17:14) 구약성경에서 하나님은 "생명의 원천"이다.(시 36:9) 생명의 주관자인 하나님(참조. 시 16:11)만이 생명에 대한 결정권을 행사한다.(출 32:32)[29)] 신명기 32장은 이스라엘 백성을 창조하고, 짓고, 낳은 창조주로서의 하나님에 대해서 말한다.(신 32:6, 15, 18) 구약성경에서 '출생

---

26) 잠언 13:13-14에서 '말씀'과 '명령'(한글 개역개정본에는 '계명'), '지혜 있는 자의 가르침'(한글 개역개정본에는 '지혜 있는 자의 교훈')이 이 구절들에서 어떤 통일성을 가진다. 여기서 말씀과 명령은 십계명이기보다는 지혜자의 가르침을 의미한다. 잠언 13장 14절은 14장 27절과 거의 동일하다. "'생명의 샘'은 지혜[의] 가르침을 높이 평가하는 말이고(참조. 10:11, 16:22), 앞쪽으로 12절의 '생명나무'와도 관련이 된다. 또한 생명은 총체적인 의미로, 즉 단지 급박하거나 예기치 않은 죽음으로부터 건짐을 받은 것뿐만 아니라, 고품격의 삶을 포괄하는 것으로 이해해야 한다." Roland E. Murphy, *Proverbs*, WBC 22, 177을 참조하라.

27) 구약성경의 생명 사상은 배재욱, "신약성경의 생명 사상에 대한 고찰", 「선교와 신학」 22집(2008), 51-53을 참조하고 수정하고 더 확대하였다.

28) 배재욱, "신약성경의 생명 사상에 대한 고찰", 51을 참조하라.

29) G. Quell, Art. "διαθήκη," *ThWNT* II (1935), 106-127; J. Behm, Art. "διαθήκη," *ThWNT* II (1935), 127-137을 참조하라.

의 개념' 은 창조와 관련되어 나타난다. 구약성경에서 하나님이 누구를 낳으신다는 사상은 단지 하나의 "세련되고 비유적인 의미로"[30] 발견된다.(신 14:1; 시 80:15[31]; 사 1:2, 43:6f., 45:11 등)[32] 구약성경에 따르면 생명 사상은 구원 개념과 깊이 관련되어 있다. 시편 116편 8절은 "주께서 나의 영혼을 사망에서 구원하셨도다."라고 말한다. 여기서 시편 116편 8절에 죽음으로부터의 구원에 대한 묘사가 고통으로부터의 자유로 나타난다.[33] 이와 비슷하게 시편 30편 3절도 "여호와여 주께서 내 영혼을 스올에서 끌어내어 나를 살리사 무덤으로 내려가지 아니하게 하셨나이다."라고 고백하고 있다.

그러면 이제는 초기 유대교의 생명 사상에 대하여 살펴보자.

2. 초기 유대교에 나타난 생명

초기 유대교의 생명에 대하여는 구약성경과 아울러 그 환경에 대한 탐구가 필요하다. 그것은 초기 유대교의 생명 사상이 구약성경에 그 신학적인 뿌리를 두고 있음에도 불구하고 초기 유대교가 처한 상황 속에서 많은 변화를 가져왔기 때문이다.

---

30) E. Sjöberg, "Wiedergeburt und Neuschöpfung im palästinischen Judentum," *StTh* 4 (1951), (44-85), 75.

31) 히브리어 성경 맛소라 본문(맛소라 본문에는 시 80:16)에는 이 구절이 "주의 오른손으로 심으신 줄기요 주를 위하여 힘있게 하신 아들이니이다."라고 되어 있다.

32) 출생과 창조는 하나님의 사건이지만, '출생' 은 땅 위에서 이루어지고 있으므로 출생과 창조의 관계가 그림 언어적인 표현으로 이해된다. 출생과 창조의 이러한 관계에 대하여 E. Sjöberg, 앞의 논문, 75를 참조하라. 그리고 같은 쪽에 있는 각주 1도 함께 보라.

33) Ch. Barth, *Die Errettung vom Tode*, 11을 참조하라.

초기 유대교의 묵시 문학에는 생명[34]의 부활[35]에 대한 언급과 아울러 '영원한 생명'(단 12:1-2)이 심판 사건과 연관되어 나타난다. 여기서 "심판 사건은 인간 생명의 종말론적인 성격"을 나타낸다.[36] 그리고 "생명 사상은 현재적이면서 동시에 종말론적인 면을 함께 내포"한다.[37]

쿰란-에세네 공동체에서는 '계약'(בְּרִית)을 '생명 물의 원천'과 동일시하고 있다.(참조. CD 4:8, 7:16, 19:33-35)[38] 쿰란-에세네 공동체는 '엄격한 계율'로 '토라'를 지켰다.[39] 그들은 토라 속에서 구원과 생명의 길을 찾았다. 그들은 토라를 바르게 지키고 따르기 위해 한적한 벽지(僻地)에 살았고 그곳에서 종말의 '영적인 전쟁'을 준비했다.[40] 쿰란-에세네 공동체의 토라 중시 모습과 비슷한 유형을 하나님의 계명을 지키는 것과 생명의 길을 연결시키는 마카비 2서(II Makk 14:10)에서도 볼 수 있다.[41] 이러한 예는 초기 유대교에서도 구약성경의 전통에 따라 생명의 길이 하나님께 있다는 것을 인식하고 더욱 현실의 삶 속에서 강화하여 적용시킨 것이라고 생각된다.

초기 유대교는 개종자를 갓 태어난 아기와 비교하기도 하는데[42] 이

---

34) 초기 유대교의 묵시 문학에서의 생명 사상에 대해서는 배재욱, "초기 유대교 문헌에 나타난 생명과 그 특징", 『신약논단』 통권 15권 1호(2008년 봄호), 3-5를 참조하라.

35) George E. Ladd, *A Theology of the New Testament*, 이창우 역, 『신약신학』(서울: 성광문화사, 1983), 358과 비교하라. 유대 묵시 문학에서 '오는 세대'는 메시야의 통치와 관련된다.

36) 배재욱, "초기 유대교 문헌에 나타난 생명과 그 특징", 4.

37) 배재욱, "초기 유대교 문헌에 나타난 생명과 그 특징", 5.

38) H. Lichtenberger · S. Schreiner, "Der neue Bund in jüdischer Überlieferung," 272-290, 277; 이것에 대해서는 배재욱, "초기 유대교 문헌에 나타난 생명과 그 특징", 5를 참조하라.

39) 배재욱, "초기 유대교 문헌에 나타난 생명과 그 특징", 5.

40) 배재욱, "초기 유대교 문헌에 나타난 생명과 그 특징", 6.

41) 배재욱, "초기 유대교 문헌에 나타난 생명과 그 특징", 5-6을 참조하라.

러한 인식이 쿰란-에세네 공동체의 사상에도 나타난다. 호다요트에서는 쿰란 공동체 가입을 새로운 변화의 시작으로 본다.[43](1QH 19:10-14) 그래서 쿰란 공동체에 새로 가입하는 사람은 새로운 계약 안에 사는 것이고 하나님의 구원을 경험하게 된다.[44] 이러한 쿰란 사상의 배경은 하나님이 '생명의 기원'(מְקוֹר חַיִּים)이라고 생각하는 시편 36편 9절에서 찾을 수 있을 것이다.[45] 쿰란 공동체에서 공동체 가입은 '하나님이 주신 생명'을 누리는 길이 된다.[46] 이러한 인식의 전제 아래서 쿰란의 규칙적인 정결 의식은 공동체를 유지하는 중요한 의식이 된다.[47] 쿰란 공동체에서 정결 의식은 성령에 의해 성취되는 의식으로 '구원을 위한 좋은 터전'[48]으로 인식되었다. 이 정결 의식은 종말론적인 구원을 암시한다.(1QS 4:20-22) 쿰란에서의 정결 의식은 종말론적인 구원을 지향하는 가운데 어둠의 아들들과 앞으로 있을 영적 전쟁을 준비하는 것이고 '종말론적인 생명'을 지키는 길이었다.[49] 쿰란 공동체의 종말론적인 생명 사상은 고난 앞에서 희망을 포기하지 않고 하나님의 구원을 기다리는 시편 119편 107절에 나타나는 시인의 모습과 대비된다.[50]

초기 기독교에 많은 영향을 끼친 알렉산드리아 유대인 학자 필로(φίλων, Philo)는 로고스를 창조의 원리로 삼아 조에(ζωή)를 물리적인

---

42) Babylon Yevamot, bYev 22b; mYev 11:2. 이것에 대하여 배재욱, "초기 유대교 문헌에 나타난 생명과 그 특징", 6을 참조하라.

43) E. Sjöberg, "Neuschöpfung in den Toten-Meer-Rollen," *StTh* 9 (1956): 131-136, 132; 배재욱, "초기 유대교 문헌에 나타난 생명과 그 특징", 6을 참조하라.

44) 배재욱, "초기 유대교 문헌에 나타난 생명과 그 특징", 6을 참조하라.

45) 배재욱, "초기 유대교 문헌에 나타난 생명과 그 특징", 6-7을 참조하라.

46) 배재욱, "초기 유대교 문헌에 나타난 생명과 그 특징", 6-7을 참조하라.

47) 배재욱, "초기 유대교 문헌에 나타난 생명과 그 특징", 7을 참조하라.

48) 배재욱, "쿰란 공동체와 에세네파에서의 정결과 구원 사상", 『장신 논단』 21(2004), 130.

49) 배재욱, "초기 유대교 문헌에 나타난 생명과 그 특징", 7을 참조하라.

50) 배재욱, "초기 유대교 문헌에 나타난 생명과 그 특징", 8을 참조하라.

생명력이라고 본다.[51] "필로의 '영원한 생명'(ζωὴ αἰώνιος)[52]에 대한 사상은 '하나님과 예수 그리스도를 아는 것'(요 17:3)을 '영원한 생명'이라고 말하는 요한복음과 비슷하다."[53] 필로에게서 조에(ζωή)는 열등한 것으로 "영혼을 위한 어떤 사슬(Fessel)"[54]이다. 필로는 신(神)의 영원한 생명[55]과 인간의 유한(有閑)한 생명을 대칭적으로 본다.[56] 필로는 "헬라 철학적인 사유의 도움으로" 구약성경의 생명 사상을 이해한다.[57] 필로의 이러한 생명 이해는 생명의 가치를 상대화시키고 있다.

『유대 고대사』에서 요세푸스(Josephus)는 창세기 2장 7절에 대한 설명에서 "하나님께서는 땅으로부터 흙을 취하여 인간을 만드시고 그 안에 영과 혼을 불어넣으셨다."(Ant 1:34)는 "인간 생명의 신적인 기원설"에서 구약성경을 그대로 따른다.[58] 그러면서 동시에 요세푸스는 『유대 전쟁사』에서 초기 헬레니즘 유대교의 생명관을 따라 영혼불멸 사상을 취한다.[59] "영혼이 닿는 것은 무엇이든지 생기를 띠게 되며 융성하게 되는 것인 반면 영혼이 떠나면 무엇이든 간에 시들해져서 죽게 되는 것이오. 그만큼 영혼의 불멸성은 위대한 힘이 있는 것이란 말이오."(Bell 7:347-348) 요세푸스는 구약성경의 생명 기원설을 유지하면서도 『유대

51) C. H. Dodd, *The Interpretation of the fourth Gospel* (Cambridge: Cambridge Universty Press, 1965), 150; 배재욱, "초기 유대교 문헌에 나타난 생명과 그 특징", 8을 참조하라.

52) 배재욱, "초기 유대교 문헌에 나타난 생명과 그 특징", 11을 참조하라.

53) 배재욱, "초기 유대교 문헌에 나타난 생명과 그 특징", 12; C. H. Dodd, *The Interpretation*, 65를 참조하라.

54) C. H. Dodd, *The Interpretation*, 145, 150.

55) E. F. Scott, *The Fourth Gospel* (Edinburgh: T. & T. Clark, 1926), 243ff.

56) 필로의 생명 이해에 대해서는 배재욱, "초기 유대교 문헌에 나타난 생명과 그 특징", 8-12를 참조하라.

57) 배재욱, "초기 유대교 문헌에 나타난 생명과 그 특징", 11.

58) 배재욱, "초기 유대교 문헌에 나타난 생명과 그 특징", 14.

59) 배재욱, "초기 유대교 문헌에 나타난 생명과 그 특징", 14를 참조하라.

전쟁사』 본문에서처럼 헬라 철학 사상의 영혼불멸 사상을 수용하고 있음을 보여준다.[60]

초기 헬레니즘 유대교의 『요셉과 아스낫』(*Joseph und Aseneth*)이란 작품 속에 창세기 2장 7절의 창조 기사에 따른 생명의 신적(神的)인 기원에 대한 사상을 보여준다.[61] 『요셉과 아스낫』에서 아스낫(Aseneth)은 생명의 성령을 상징하는 봉와(蜂窩, Honigwabe)를 천사장으로부터 받아먹음으로 새로운 생명의 기쁨을 얻게 된다.(JosAs 16:14) 『요셉과 아스낫』에서 '생명의 성령'(ζωὴ αἰώνιος, JosAs 19:10-20:1)[62]이 인간 갱신의 주체로 나타난다. 『요셉과 아스낫』은 생명의 성령이란 언급을 통하여 생명 사상을 표현한다. 이러한 생명 사상에 대한 진술은 인간 생명의 신적인 기원을 암시한다.[63] 이러한 생명 사상에 대한 초기 유대교의 '생명의 성령'이란 용어는 신약성경에서도 '생명의 성령'이라는 같은 용어로 나타나고 있다. 신약성경 저자들은 생명 사상을 표현하는 데 구약성경과 초기 유대교적인 용어를 무시하고 다른 특이한 용어를 사용한 것이 아니라 구약성경과 초기 유대교적인 바탕 위에서 이러한 용어를 차용(借用)한 것으로 보인다. 즉 초기 유대교의 생명 사상은 구약성경의 터전 위에 있고 아울러 운동성이 활발했던 초기 그리스도 교회에 사상적으로 중요한 배경이 되었고 또한 지대한 영향을 미쳤다.

---

60) 배재욱, "초기 유대교 문헌에 나타난 생명과 그 특징", 15를 참조하라.

61) 배재욱, "초기 유대교 문헌에 나타난 생명과 그 특징", 16.

62) BAE, Jae Woog, *Wiedergeburt im Johannesevangelium*, 77을 참조하라. 아울러 '생명의 성령'(ζωὴ αἰώνιος)에 대해서는 C. Burchard, "The importance of Joseph and Aseneth for the study of the new testament: A general survey and a fresh look at the lord's supper," in: ders., *Gesammelte Studien zu Joseth und Aseneth*, Ber. u. erg. hg. mit Unterstutzung v. C. Burfeind (Leiden/New York/Köln, 1996), 263-295 (auch in: *NTS* 33 [1987], 102-134); 배재욱, 『초기 유대교와 신약성경의 중생』(서울: 대한기독교서회, 2008), 143-148을 참조하라.

63) 배재욱, "초기 유대교 문헌에 나타난 생명과 그 특징", 16을 참조하라.

제5장 신약성경에 나타난 생명

생명

구약성경에서처럼 신약성경에서도 하나님은 영원히 살아 계신 분이다.(참조. 딤전 6:16; 계 4:9, 10:6, 15:7) 그러므로 하나님은 죽은 자를 살릴 수 있다.(참조. 요 5:21, 6:57; 롬 4:17; 딤전 6:13) 이러한 사상은 신약성경에 나타나는 예수의 생명 사상의 중요한 터전이 된다. 그 생명 사상도 예수의 말씀과 격리하여 생각할 수는 없을 것이다. 그러므로 이제 우리는 예수의 말씀 속에 나타나는 생명 사상을 공관복음과 제4 복음서에서 살펴보고자 한다. 그러면 먼저 공관복음에서의 생명 사상부터 시작한다.

1. 공관복음에 나타난 생명

생명에 대한 구약성경의 견해가 신약성경에서 가장 강하게 나타나는 곳은 공관복음이다. 누가복음 1장 75절에서 보면 생명은 구약성경에서와 같이 시간의 범주 안에 들어 있다. "우리가 … 종신토록 주의 앞에서 성결과 의로 두려움이 없이 섬기게 하리라 하셨도다."(눅 1:75; 참

조. 롬 7:1-25; 히 7:3)

공관복음에서 생명은 종말론적 축복으로 나타난다.(마 7:14; 막 9:43, 45) 여기서 종말론적 생명은 윤리적 생명과 동일한 모습을 가진다. 그것은 생명의 특성이 결국 윤리적 활동의 생명이라는 것이다. 이러한 모습은 예수의 교훈에서 찾을 수 있다. 예수의 가르침은 마음이 청결한 자가 하나님을 볼 것이요(마 5:8), 의에 주리고 목마른 자가 참 만족함을 얻는다(마 5:6)는 것이다.

'생명' 개념이 공관복음에서 '하나님의 나라'와 비슷한 의미로 사용된다.[1] 마가복음 9장 43-47절에서 '생명'과 '하나님의 나라'는 평행을 이루고, 누가복음 18장 29-30절에서 '생명'과 '하나님의 나라'는 서로 연결된다. '하나님의 나라'란 말이 요한복음에서는 3장 3-5절에만 나오는데 이 하나님의 나라가 영원한 생명과 평행된다. 공관복음에서 하나님의 나라는 하나님의 생명이 실현되면서 아울러 구원이 이루어지는 하나님의 통치 영역이다.[2] 마가복음 10장 17-31절은 '생명과 구원'이 평행되고 있다. 마가복음 10장 17절에 나타나는 '영원한 생명'은 10장 23-25절에서의 '하나님의 나라' 그리고 10장 26절에서의 '구원'과 평행을 이루며 한 가지 목표를 지향하는 개념으로 표현되고 있다.[3]

신약성경에서 구원 사상은 그리스도의 죽음에 근거하고 있고 그리스도의 부활에서 구체적으로 나타난다.[4] 구약성경에서 생명의 근원은 하

1) Aland Richardson, *An Introduction to the Theology of the New Testament*, 74; 배재욱, "바울의 생명 사상 II: 예수의 생명 이해", 「기독교사상」 578 (2007년 2월호), 204-211, 205를 참조하라.

2) 배재욱, "바울의 생명 사상 II", 206을 참조하라.

3) "성서가 말하는 참 하나님 나라는 하나님과의 관계가 올바로 된 연후에 오는 나라"이다. 안승오, "세계교회협의회(WBC)의 하나님 나라 이해와 선교", 「선교와 신학」 제12집(2003), 185-207, 206을 참조하라.

4) 배재욱, "바울의 생명 사상 II", 207을 참조하라.

나님(시 36:9)이시므로 생명을 하나님의 선물로 인식하고 하나님과 바른 관계 속에 있을 때 인간은 생명의 기쁨을 누리게 된다. 이러한 구약성경의 생명 이해를 공관복음은 예수와 관련지어 이해한다. 공관복음에서 생명 사상은 하나님의 나라와 관련되어 구체화되고 현재화된다.(마 19:13-30; 막 10:17-31; 눅 18:18-30) 하나님의 나라 개념과 관련하여 공관복음은 생명을 종말론적인 하나님의 축복으로 말한다.(마 7:14; 막 9:43, 45) 아울러 종말론적 축복은 윤리적인 생명 사상으로 묘사되면서 이웃 사랑으로 연결된다.(마 19:19, 22:39; 막 12:31; 눅 10:27; 롬 13:9)

공관복음에서 새 생명을 가진 자도 여전히 지금의 몸으로 살아야 한다는 데서 현재적인 생명 사상을 이어받는다. 마태복음 4장 3절에서 예수를 시험하는 자가 예수께 "네가 만일 하나님의 아들이어든 명하여 이 돌들로 떡덩이가 되게 하라."고 했을 때 예수는 현재적인 양식을 부인하지 않고 "사람이 떡으로만 살 것이 아니요 하나님의 입으로부터 나오는 모든 말씀으로 살 것이라."고 신명기 8장 3절을 인용하여 마귀를 대적한다.(참조. 눅 12:15; 고전 9:14) 예수의 이 말은 '새 생명'을 가지고 있는 사람이라 할지라도 여전히 양식이 필요하고 관심과 보살핌이 필요한 존재라는 것이다. 실제적인 양식이 필요할 뿐만 아니라, 하나님의 입으로부터 나오는 모든 말씀도 필요하다는 것이다.

그런데 죽음과 마귀와 율법은 이 생명을 부단히 위협하고 있다. 예수 그리스도 안에 있는 새 생명을 아무도 빼앗을 수 없지만(참조. 롬 8:31-39), 이 새 생명이 저절로 지켜지는 것은 아니다. 그리스도인의 새 생명을 부단히 위협하고 파괴하고자 하는 세력이 있다. 그래서 예수는 "몸은 죽여도 영혼은 능히 죽이지 못하는 자들을 두려워하지 말고 오직 몸과 영혼을 능히 지옥에 멸하실 수 있는 이를 두려워하라."(마 10:28; 참조. 눅 12:4-5; 요일 3:10, 14-15)고 경고한다.

마태복음 6장 25-34절에서 마태는 하나님의 아들 된 그리스도인이 하나님의 사랑과 말씀을 먹고 사는 삶을 살아야 하고 하나님이 자신의 목숨을 돌보신다는 것을 확신할 것을 가르친다.

마태복음 9장 18절에서 마태는 한 관리가 예수께 찾아와 "절하며 이르되 내 딸이 방금 죽었사오나 오셔서 그 몸에 손을 얹어주소서 그러면 살아나겠나이다."라고 하는 말을 전하는데 이 말과 함께, 마태는 예수의 기적을 통해 하나님은 인간 생명의 보존자요 회복자임을 가르친다.(참조. 막 5:23; 요 3:15-16, 4:47, 10:10; 롬 8:31-39) 이러한 마태의 관점에서 본다면 생명은 영적이고 신앙적인 영역에만 국한되는 것이 아니라, 인간 자신의 실존적인 존재를 인정하고 그것을 하나님의 실존에 대입하는 것으로 볼 수 있다. 마태는 7장 21절에서 "나더러 주여 주여 하는 자마다 다 천국에 들어갈 것이 아니요 다만 하늘에 계신 내 아버지의 뜻대로 행하는 자라야 들어가리라."라고 했다. 하나님의 뜻을 구하고 아는 것으로 그칠 것이 아니라, 그 뜻을 행함에 대한 윤리적인 요구를 아울러 이루어야 한다는 것이다.(참조. 눅 6:46)

누가복음 24장 1-9절에 예수의 부활을 먼저 경험한 여자들이 "무덤에서 돌아가 이 모든 것을 열한 사도와 다른 모든 이에게 알리니"(눅 24:9)라는 말로 예수의 부활에 대한 보도를 하고 있다. 부활은 그리스도교의 복음의 핵심이다.(참조. 롬 6:10, 14:9; 고후 13:4) 그런데 신약성경에서 생명의 새로운 특징은 미래적인 생명관이 이미 일어난 예수의 부활에서 현재화된다는 것이다.

공관복음은 종종 예수의 치유 기적을 생명 사상과 관련하여 보도한다. 마가복음 5장 23절에서는 "간곡히 구하여 이르되 내 어린 딸이 죽게 되었사오니 오셔서 그 위에 손을 얹으사 그로 구원을 받아 살게 하소서 하거늘"이란 말을 통하여 예수의 치유가 인간 구원에 관련됨을 알려준다. 이 구원 개념은 인간에게 필연적인 생명 사상과 연결됨으로 예수의 치유 행위는 인간 생명을 위한 하나님의 구원 활동으로 볼 수 있다.

공관복음서에서 '생명' 개념은 '하나님의 나라'와 비슷한 의미로 사용된다.[5] 마가복음 9장 43-47절에서 '생명'과 '하나님의 나라'가 평행을 이루고 있다. 예수는 여기서 '영원한 생명'에 들어가는 것과 '하나님의 나라'에 들어가는 것을 같은 의미로 사용한다. 공관복음에 나타나는 '영원한 생명'(조에 아이오니오스, ζωή αἰώνιος)에 대한 묘사는 초기 유대교에서처럼 '오는 세대'의 생명을 말한다. '영원한 생명'은 '하나님의 나라'(바실레이아 투 데우, βασιλεία τοῦ θεοῦ)에서의 생명으로 '오는 세대'에서의 생명이다.(참조. 막 10:30; 마 25:46) 이러한 생명은 하나님의 선물로서 사람에게는 최상의 보상이 된다. 누가복음 18장 29-30절은 분명하게 '생명'과 '하나님의 나라'를 연결한다. "이르시되 내가 진실로 너희에게 이르노니 하나님의 나라를 위하여 집이나 아내나 형제나 부모나 자녀를 버린 자는 현세에 여러 배를 받고 내세에 영생을 받지 못할 자가 없느니라."(눅 18:29-30) 요한복음에서는 하나님의 나라란 말이 단 두 번만 나타나는데, 3장 3절과 5절에서 '하나님의 나라'(βασιλεία τοῦ θεοῦ)가 '영생'(ζωή αἰώνιος)과 같은 의미로 사용된다.[6] 요한복음 3장 5절에서 요한은 '하나님의 나라에 들어감'이란 표현을 통하여 요한복음의 생명 개념을 더 확장하고 있다.

마가복음 10장 45절과 마태복음 20장 28절은 예수의 십자가를 통해 새로운 생명이 생성됨을 말한다. 예수는 자기의 생명을 십자가에 제물로 바침으로 사람의 죄를 대속했다.[7] 예수의 십자가에서의 대속의 죽음이 생명을 구원선물로 가져온다. 공관복음은 죽음을 단순한 자연적

5) Aland Richardson, *An Introduction to the Theology of the New Testament*, 74.

6) 이것에 대해서는 M. Schmidl, *Jesus und Nikodemus: Gespräch zur johanneischen Christologie. Joh 3 in schichtenspezifischer Sicht*, BU 28 (Regensburg: Pustet, 1998), 136ff.를 보라.

7) 참고. 요 3:16; 롬 5:6-7; 갈 3:13; 엡 5:2; 빌 2:8; 벧전 2:24.

현상으로 보지 않고 하나님과의 관계 안에서 본다. 죽음에 종속되어 제한된 생명은 일시적이고(고전 15:19) 육체 가운데 있다.(갈 2:20) 이 생명은 '죽은' 생명이다.(마 8:22; 참조. 계 3:1) 신약성경이 말하는 참 생명은 영원하고(막 10:17; 참조. 롬 2:7; 갈 6:8), 구원과 결부되어 있다. 이 생명은 하나님에게서 기원된 것으로 영원하다. 공관복음에서 하나님의 나라를 말하는 바실레이아 투 데우(βασιλεία τοῦ θεοῦ)는 하나님이 선물한 생명의 구원활동이 현재화되는 영역이란 의미로 이해할 수 있다.[8] 하나님이 주신 생명은 하나님의 영역인 '바실레이아 투 데우'에서만 존재한다. 마가복음 10장 30절과 9장 43-44절에서 생명을 얻는 것과 생명에 들어간다는 말이 이루는 평행을 통해 생명과 하나님의 나라의 연결성을 찾을 수 있을 것이다. 마가복음의 이러한 이해가 요한복음에도 나타난다. 요한복음은 '바실레이아 투 데우'를 통해 하나님의 통치를 암시한다.(요 3:3, 5, 18:36f.) 하나님의 통치가 이루어지는 '바실레이아 투 데우'에서 위로부터 난 자가 하나님의 나라를 볼 수 있고(요 3:3) 하나님의 나라에 들어간다.(요 3:5) 이런 면에서 공관복음이 말하는 '생명 사상'은 종말론적 축복의 모습으로 나타난다.(마 7:14; 막 9:43; 45)

공관복음에서 생명 사상은 그리스도의 부활에서 더욱 구체적인 모습을 보여준다. 죽었던 '그리스도가 현재 부활하여 살아 계신다.'고 하는 부활 메시지(눅 24:9; 참조. 롬 6:10, 14:9; 고후 13:4)는 죽음에서 일어나는 미래적인 사건이 그리스도의 부활에 근거하고, 이 사건에 근거하여 선물로 주어질 생명이 신자(信者)에게 이미 이루어졌다는 것을 나타낸다. 공관복음에서 암시되는 이러한 사상은 요한복음에서는 현재적

8) W. Rebell, *Gemeinde als Gegenwelt. Zur soziologischen und didaktischen Funktion des Johannesevangeliums,* BET 20 (Frankfurt a.M./Bern/New York/Paris: Lang, 1987), 154를 참조하라.

인 생명 사상으로 명확하게 강조된다. 그런데 사람은 생명을 선물로 받지만(마 7:13, 14) 생명을 통제할 수는 없다. 오직 하나님만이 생명의 주인으로 사람에게 생명을 선물하신다.(비교. 계 13:8, 48, 17:8) 여기에 그리스도교 복음의 핵심이 있다. 이러한 공관복음의 사상은 하나님은 '생명의 샘'(시 36:9)이시고 생명의 창조자이시고(참조. 창 1장) 인간에게 생명을 부여하신 분(창 2:7)이시라는 구약의 사상과 밀접하다.

공관복음에서 종말론적인 면에서 언급되는 생명은 윤리적인 이해와 격리될 수 없을 것이다. 공관복음은 생명의 윤리적인 측면도 아울러 말하고 있는데, 마가복음 10장 17절에서 생명 사상이 윤리적인 권고와 연결되고 있다.(막 10:17-27) 공관복음의 생명 사상, 특히 "의에 주리고 목마른 자가 참 만족함을 얻는다."라는 마태복음 5장 6절의 예수의 가르침이나 "마음이 청결한 자가 하나님을 볼 것이다."라는 마태복음 5장 8절의 진술은 생명의 다른 특성, 즉 생명 사상의 윤리적 측면을 보여준다. 공관복음에서 '생명' 혹은 '살다'란 말이 형식의 '삶' 보다는 '참된 삶'(생명)을 가리킨다.[9] 마가복음 8장 35절의 "누구든지 자기 목숨을 구원하고자 하면 잃을 것이요 누구든지 나와 복음을 위하여 자기 목숨을 잃으면 구원하리라."(참조. 마 10:39; 눅 9:24)는 구절은 생명의 종말론적인 진술이다. 이 구절과 유사한 사상이 요한복음의 "자기의 생명을 사랑하는 자는 잃을 것이요, 이 세상에서 자기의 생명을 미워하는 자는 영생하도록 보존하리라."(요 12:25)는 구절에서도 볼 수 있는데, 이 요한복음의 진술은 마가복음의 진술보다 두 세대(이 세상과 오는 세대)의 상반적인 구조를 더 명백하게 보여준다.

생명에 대한 강조는 공관복음서보다 요한에게서 더욱 분명하다. 이제 요한복음의 생명 사상을 살펴보고자 한다.

---

9) 마 7:14, 18:8-9; 막 9:43, 45; 눅 10:28; 참조. 롬 1:17, 8:13; 살전 5:10; 히 12:9; 벧전 3:7; 벧후 1:3 등.

2. 요한복음에 나타난 생명[10)]

요한복음에서는 예수 그리스도를 상징하는 '말씀'이 성육신 전부터 '영원한 생명'이었다고 묘사한다.[11)] 이 말씀은 하나님과 함께 계시고 모든 피조물의 창조에 하나님과 동역한 것으로 묘사된다.(참조. 요 1:2-3) 요한복음에서 그리스도는 말씀으로 생명을 전달하며(참조. 요 6:68, 10:28, 12:50, 17:2), 그리스도 자신이 생명이다.(참조. 요일 5:20) 요한복음 5장 26절에서 요한은 하나님 속에 "생명이 있음 같이 아들에게도 생명을 주어 그 속에 있게 하셨다."라고 말한다. 요한일서 5장 20절은 더욱 구체적으로 예수 그리스도와 생명의 관련성을 지적하여 예수 자신이 생명인 것을 표현한다. "우리가 참된 자 곧 그의 아들 예수 그리스도 안에 있는 것이니 그는 참 하나님이시요 영생이시라."(요일 5:20) 즉 요한복음에서 예수는 자기 자신이 곧 생명이고(요 11:25, 14:6; 참조. 계 1:18) 믿는 자에게 생명을 나누어 준다.(참조. 20:31)[12)] 예수 안에는 생명이 있으며(1:4), 그의 말씀은 영과 생명이다.(6:63) 그는 믿는 자에게 생명을 주기 위해 사람들 사이에 오셨다.(10:10; 요일 4:9) 그리고 예수는 말씀 전파를 통해 생명을 선물한다.(참조. 요일 1:1-2)

요한복음 20장 31절에 보면 요한은 "그 이름을 힘입어 생명을 얻게

---

10) 요한복음의 생명 사상에 대해서는 배재욱, "요한복음이 말하는 영원한 생명에 대한 소고", 199-227을 참조하라. 요한복음의 생명 사상 연구를 위해서는 G. Bertram, "ζἀω, ζωή (βιόω, βίος)," 853-856; F. Muβner, *ZΩH, Die Anschauung vom "Leben" im vierten Evangelium: unter Berucksichtigung der Johannesbriefe*, MThS 5 (München, 1952); R. Bultmann, Art. "ζἀω, ζωή (βιός, βίος)," *ThWNT* II (1954), 833-844, 850-853, 856-877; W. Thüsing, *Die Erhohung und Verherrlichung Jesu im Johannesevangelium*, NTA XXI 1/2 (Münster, Westfalen: Aschendorff, [3]1979).

11) 요한복음 1장 1-4절을 참고하라.

12) Bruce Manning Metzger, *The New Testament*, 98.

하려 함이니라."라는 말로 자신의 복음서의 목적을 밝히고 있을 정도로 '생명'에 대한 언급을 좋아한다.[13] 요한복음에서 이 '생명'은 요한복음을 이해하는 중요한 '단서가 되는 말'이다.[14] 요한복음에서 '생명'이란 낱말은 형용사 없이 그 낱말만 사용되어도 '영원한 생명'(ζωή αἰώνιος)을 의미한다. 이 생명을 의미하는 '조에'(ζωή)는 자연적인 생명을 의미하는 것이 아니라 하나님과 관련되는 생명으로 '하나님'이 그의 '아들'에게 준 생명이다.(5:26; 6:57) '조에'와는 다르게 '푸쉬케'(ψυχή)는 죽음과 대조되는 생명에 대해 사용한다.(13:37; 15:13)

"내가 주는 물을 마시는 자는 영원히 목마르지 아니하리니 내가 주는 물은 그 속에서 영생하도록 솟아나는 샘물이 되리라."는 요한복음 4장 14절은 생명의 물을 마시는 자가 생명의 원천인 예수를 알게 되므로 생명을 가지게 된다는 것이다. 이 생명은 죽음을 초월한 생명으로 (6:51, 58, 11:25) 하나님과의 교제 속에서 가지는 생명이다.

요한복음은 '믿는 자'가 이미 생명을 소유하고 있다고 말하면서 (5:24, 3:36, 6:47) 동시에 이 생명의 미래적인 의미도 말한다.(요 5:39)[15] 요한에게서 나타나는 미래적인 생명관은 초기 유대교에 나타난 생명과 부활에 관한 묵시적인 생명 사상과 관련된다.[16] 요한복음에서 "나는 … 이다"(ἐγώ εἰμι)는 표현을 통하여 요한은 그리스도와 생명 관련성을 지적한다. 요한복음에서 "나는 …이다"(ἐγώ εἰμι)는 "자기 계시와 명령의 신적인 언어이다."[17] 6장 35절은 예수를 "생명의 떡"

13) R. E. Brown, *The Gospel according to John I. Anchor Bible* (Garden City and N. Y.: Doubledey & Company, 1980), 506을 참조하라.

14) Ch. Dietzfelbinger, *Das Evangelium nach Johannes,* ZBK.NT 4/1 (Zürich: Theol. Verl., 2001), 348-350.

15) C. H. Dodd, *The Interpretation*, 146을 참조하라.

16) C. H. Dodd, *The Interpretation*, 147을 참조하라. 그리고 George E. Ladd, *A Theology of the New Testament*, 358과 비교하라.

(τὸ ἄρτος τῆς ζωῆς)으로 묘사하면서 예수가 '생명의 떡' 이므로 예수께 오는 사람은 "결코 주리지 아니할 것"이라고 한다. 예수께 오는 것을 예수를 믿는 것과 동일시하여 "나를 믿는 자는 영원히 목마르지 아니하리라."(요 6:35b)라고 말한다. 요한복음 8장 12절에서 "나는 세상의 빛이니 나를 따르는 자는 어둠에 다니지 아니하고 생명의 빛을 얻으리라."에서 '세상의 빛' (τὸ φῶς τοῦ κόσμου)이 된 예수 그리스도를 따르는 자는 '생명의 빛' (τὸ φῶς τῆς ζωῆς)을 얻으리라고 말하고 있다. 블랭크(J. Blank)[18]는 이 '세상의 빛' (τὸ φῶς τοῦ κόσμου)이란 말이 "그 계시의 보편적인 구원의 특성과 예수의 인격의 보편적인 구원의 의미"를 표현한다고 본다. 비슬리 머리(G. R. Beasley-Murray)는 이 구절을 출애굽의 배경 속에 놓인 초막절 축하 행사와 관련된 예수의 선포로 보면서 '세상의 빛' (τὸ φῶς τοῦ κόσμου)을 "해방과 미래적 구원 희망"을 위한 빛으로 본다.[19] 그래서 출애굽 할 때 "이스라엘 백성은 속박의 땅으로부터 위험한 광야를 거쳐 약속의 땅까지 그 빛의 인도함을 따랐다."[20] '세상의 빛' (τὸ φῶς τοῦ κόσμου)이 된 예수 그리스도는 구원론적, 종말론적인 차원에서만 세상의 빛으로 인간에게 생명을 공급하는 것이 아니라, 현실의 영역 안에서도 인간의 심령을 새롭게 한다. 그러므로 인간은 그리스도 안에서 "죽음의 영역에서 해방되어 그 빛의 나라에서 생명을 소유하는 약속"을 소유한다. 그리스도는 '생명의 빛' (τὸ φῶς τῆς ζωῆς, 참조. 요 1:4)이므로 그 빛을 따르는 자

17 C. K. Barrett, *The Gospel according to St. John*, C. K. 바레트 /박재순 · 김필진 공역, 『요한복음 Ⅰ』 國際聖書註釋 32-1(서울: 한국신학연구소, 1984), 477.

18) Josef Blank, *Krisis: Untersuchen zur johanneischen Christologie und Eschatologie* (Freiburg im Breisgau: Lambertus, 1964), 184를 참조하라.

19) George R. Beasley-Murray, *John 1-21*. WBC 36, 조지 R. 비슬리-머리 /이덕신 옮김, 『요한복음』, WBC 성경주석 36 (서울: 솔로몬, 2001), 321을 보라.

20) G. R. Beasley-Murray, *John 1-21*, 324를 보라.

들은 '생명의 빛'(τὸ φῶς τῆς ζωῆς)을 얻는 것이다.[21] 요한복음 11장 25절에서 예수는 자신을 "부활이요 생명"(ἡ ἀνάστασις καὶ ἡ ζωή)이라고 말했는데 이 구절에서 예수는 자신을 현재적인 생명 실체로 진술한다. '생명의 빛'(τὸ φῶς τῆς ζωῆς)인 예수(참조. 요 1:4)가 자기를 따르는 자에게 준 '생명의 빛'(τὸ φῶς τῆς ζωῆς)을 얻으리라는 약속은 미래적인 형태로 주어지지만 "하나님의 나라의 영광이 드러날 때 충족될 것이라는 기대 가운데 현재적인 실재성을 지닌다."(참조. 11:25, 14:6)[22] 그럼에도 불구하고 이 구절은 "기대 가운데 있는 현재적인 실재성"을 두고 있으므로 여전히 구원 완성은 '이미'와 '아직은 아닌'이라는 시간 사이에서 긴장관계에 놓여 있다. 요한복음 11장 25절은 "부활이요 생명"이란 말과 함께 "나는 … 이다"(ἐγώ εἰμι)란 진술이 나타난다. 이것과 비슷하게 14장 6절에서는 "길이요 진리요 생명"(ἡ ὁδὸς καὶ ἡ ἀλήθεια καὶ ἡ ζωή)으로 말하는데 이 구절도 생명에 대한 구조가 '에고 에이미'(ἐγώ εἰμι) 선포를 통하여 그리스도론적인 자기 진술이 나타난다. 14장 6절에서는 생명 선언을 '에고 에이미' 선포의 주체인 그리스도를 믿는 믿음과 불가분리의 관계 속에 놓으므로 요한에게서 생명 사상이 영적인 면으로 구체적인 모습을 갖추게 된다. 14장 6절에서 예수는 "내가 곧 길이요 진리요 생명이니 나로 말미암지 않고는 아버지께로 올 자가 없느니라."고 했다. 14장 6절도 11장 25절에서처럼 요한은 예수 그리스도를 '생명'으로 지칭하며 생명인 그리스도를 통해서만 "생명의 근원"(참조. 시 36:9)인 아버지[즉 하나님]께 올 수 있다는 것을 말하고 있다.

21) G. R. Beasley-Murray, *John 1-21*, 324를 보라.
22) G. R. Beasley-Murray, *John 1-21*, 324.

1) 생명에 대한 미래적인 진술

나사로의 죽음에 대한 예수와 마르다의 대화에서 현재적인 생명 이해와 미래적인 생명 이해를 아울러 볼 수 있다.(요 11:23-27) 예수는 현재적인 생명에 대해 말하고 있고(요 11:23), 예수의 말씀을 이해하지 못한 마르다는 마지막 날에 일어날 것으로 이해하고 있다.(11:24) 요한복음 11장 5-26절의 "나는 부활이요, 생명이니 나를 믿는 자는 죽어도 살고, 살아서 믿는 자는 영원히 죽지 않을 것이라."는 예수의 말씀은 생명에 대해 두 가지 견해를 포괄한다. 요한의 진술은 이것과 유사한 사상이 나타나는 공관복음의 진술(막 8:35; 마 10:39; 눅 9:24)보다 두 세대의 상반적인 구조를 더 명백히 말한다.[23] 요한은 두 세대에 관한 유대교적인 진술을 명확하게 암시한다. "이 세상에서 자기의 생명을 미워하는 자는 영생하도록 보전하리라."(요 12:25) 이러한 미래적인 생명 진술은 부활 사상에서 더욱 구체화되는데, 요한복음에서 신앙이 부활의 보증이 됨을[24] "예수께서 이르시되 나는 부활이요 생명이니 나를 믿는 자는 죽어도 살아날 것이다."(요 11:25)라는 구절을 통해 확인할 수 있다. 이 구절은 "무덤 속에 있는 자가 다 그의 음성을 들을 때가 오나니 선한 일을 행한 자는 생명의 부활로, 악한 일을 행한 자는 심판의 부활로 나오리라."(5:28-29)는 구절과 함께 마지막 날에 경험하는 생명의 미래적인 측면을 보여준다. 예수가 주는 양식은 영원한 생명을 주는 양식이다.(16:27)

요한복음에서 말하는 미래적인 생명은 다가오는 세대의 생명[25]으로만 이해되는 것은 아니다. 그 생명은 영원한 생명이다. 그 생명은 시

23) G. R. Beasley-Murray, *John 1-21*, 361.

24) C. H. Dodd, *The Interpretation*, 147.

25) C. H. Dodd, *The Interpretation*, 146ff.

간의 끝없는 연장선상의 긴 생명을 의미하는 것이 아닌 질적인 변화를 나타내는 생명이다. 이 생명은 죽음을 극복한 생명이라는 측면에서[26] 이해된다. 이러한 요한복음의 생명 사상은 초기 유대교의 생명 사상의 전승을 따라 미래적이고 종말론적인 면을 보여준다. 그러나 요한복음은 독특하게 미래적인 생명 사상에 머무르지 않고 생명의 현재적인 면을 더 강하게 내포하고 있다.

2) 생명의 현재적인 진술

공관복음은 생명의 현재적인 진술을 뚜렷하게 하지 않고 암시적으로 말하지만, 요한복음은 그리스도를 믿는 자는 이미 생명 안에 있다고 말한다.(5:24)[27] 그래서 믿는 자는 "오는 세대의 미래적인 생명"을 지금 이 땅에서 예수 안에서 경험하고 있음을 밝힌다. 예수는 요한복음 10장 10절에서 '오는 세대의 생명'을 현세에서 믿는 자에게 가져오는 자로 자신의 사명을 밝히고 있다. 나사로 부활 기사에서 "나를 믿는 자는 죽어도 살겠고, 무릇 살아서 나를 믿는 자는 영원히 죽지 아니하리라." (11:25-26)는 예수의 선포는 미래적인 부활에 대한 진술로 보이지만 아울러 믿는 자는 이미 현재의 삶 속에 (영원한) 생명의 복을 누리고 있음을 말한다.[28] 여기서 '영원한'(αἰώνιος)이란 형용사는 '새로움'이란 의미로도 이해할 수 있다. 예수를 믿는 자는 미래에 가지게 될 생명을 지금 여기서 이미 소유하는 것이다.(3:36, 5:24, 6:47, 54)

요한복음 5장 29절에서도 생명의 현재적인 모습을 볼 수 있다. "선

26) Alan Richardson, *An Introduction to the Theology of the New Testament* (London: SCM Press, 1958; 1982), 83f.를 참조하라.

27) George E. Ladd, *A Theology of the New Testament*, 361.

28) C. H. Dodd, *The Interpretation*, 148.

한 일을 행하는 자들"(οἱ τὰ ἀγαθὰ ποιήσαντες)과 "악한 일을 행하는 자들"(οἱ τὰ φαῦλα πράξαντες)이 "생명의 부활로"(εἰς ἀνάστασιν ζωῆς) 가든지 "심판의 부활로"(εἰς ἀνάστασιν κρίσεως) 가든지 구분되어야 한다는 것이다. 이 부활의 구분은 행위에 의해 이루어지므로 이 행위가 무엇인가 그리고 이 행위는 윤리적인 규범을 이루는가에 대한 질문이 대두되는데, 이 문제는 요한복음 5장 24절에서 그리스도의 말을 듣고 그리스도를 보낸 이를 지금 믿는 것과 그리고 5장 25절에서 "하나님의 아들의 음성"을 듣는 것에 집중되고 있다. 이 행위는 단순한 행위가 아닌 신앙적인 마음 자리에서 결정하고 신앙의 논리로 행동하는 것을 요구하고 있다.

3) 그리스도 안에서의 생명

요한복음의 생명 사상은 "하나님이 보낸 '세상의 구세주'가 사람을 위해 일하는, 모든 것을 포함하는, 포괄적인 구원개념이다."(요 11:25)[29] 공관복음에서와 같이 요한복음에서도 이 구원을 예수의 속죄 죽음과의 연관 속에 두고 있다. 그리스도의 십자가는 믿음의 출발점이고 기초이다. 예수의 십자가는 또한 성령이 활동하는 출발점이기도 하다.(요 7:39, 19:34)[30] 성령 수여는 예수의 십자가 죽음과 분리되지 않는다.(39절)[31] 그래서 그리스도의 십자가를 통해 얻게 되는 생명은 신적인 생명으로 그리스도 안에서 누리는 생명이다.[32]

---

29) F. Muβner, *ZΩH*, 186f.

30) U. Wilckens, *Das Evangelium nach Johannes*, NTD 4 (Göttingen, [17]1998), 152f.; 배재욱, "요한복음이 말하는 영원한 생명에 대한 소고", 219-220을 참조하라.

31) Hermann Kissener, *Wiedergeburt durch Wasser und Geist. Die Logik der Apokalypse* (Engelberg [Schweiz]/München: Drei-Eichen-Verlag, 1972), 40을 참조하라.

32) Y. Ibuki, *Die Wahrheit im Johannes evangelium*, BBB 39 (Bonn: Hanstein, 1972),

요한복음의 생명은 그리스도론적인 면이 두드러지게 강조된다. 예수는 생명이고(11:25), 생명의 부여자이다.(4:14, 17:22, 20:31) 요한복음 7장 37-39절은 예수의 몸에서 흘러나오는 생수라는 상징 언어를 통해 십자가에서 일어나는 하나님의 구원 사건을 말한다. 이러한 요한의 생명 사상과 비슷하게 디도서 3장 5절에 보면 하나님은 구세주로서 중생의 씻음과 성령의 새롭게 하심을 통하여 사람을 새롭게 하고 그들에게 구원을 선물로 주신다. 하나님의 구원행동은 성령에 의해 이루어진다.(참조. 딛 3:4-7) 요한복음 3장 5절에서 "물과 성령으로 나지 아니하면 하나님의 나라에 들어갈 수 없다."고 했는데, 여기서 성령은 구원을 위한 필수 조건이 된다. 요한복음에서 예수는 성령과 깊이 연관되어 있다. 예수의 말은 "영이요 생명"(πνεῦμά καὶ ζωή)이다.(요 6:63) 그러므로 예수 그리스도 안에서 영생이 전달되어지고(참조. 요 4:14, 5:24, 6:54, 17:3), 그러므로 그리스도 안에 있는 사람은 새로운 피조물이 되는 것이다.(비교. 고후 5:17) 예수는 십자가에서 하나님의 구원을 이루었다. 요한복음에서 예수의 몸은 새롭게 된 성전이고(참고. 요 2:21-22), 그리고 그의 몸으로부터 생수의 강이 흘러나오고 있다.(7:37-38) 이 생수는 성령을 상징한다.(7:38) 예수는 '생수의 강' 의 원천이다.(비교. 요 4:10, 14, 7:38) 그래서 믿는 자들은 생수의 은유로 나타나는 성령을, 영생으로 인도하는 예수로 인하여 경험하게 된다. 즉 생수의 강의 원천인 예수는 사람에게서 새 생명을 가능하게 한다.(요 3:3, 7)

예수는 '구원의 원천' 이다.(비교. 요 4:14, 7:37-39) 십자가를 통한 하나님의 구원이 사람을 생명으로 인도한다. 요한복음 7장 37-39절은 2장 13-22절과의 연관 속에서 보아야 한다. 새로운 성전에서, 즉 예수의 몸으로부터(요 19:34) 생수가, 즉 성령이 흘러나온다.(7:38f.) 이 성

159를 참조하라.

령을 통하여 '중생' 이 일어난다. 중생은 성령의 작용으로 예수 그리스도를 믿는 자에게 일어나는 것이다. 그래서 중생한 자는 하나님이 태초에 인간에게 선물한 생명의 기쁨 속에서 살아가게 되는 것이라는 의미에서 중생은 생명 구원의 길이 된다.(비교. 요 4:14)

요한복음 17장 3절에서 "영생은 곧 유일하신 참 하나님과 그의 보내신 자 예수 그리스도를 아는 것이다."라고 하는데, 여기서 생명이 하나님과 그리스도를 아는 지식과 깊이 관련되어 있음을 말하고 있다. 하나님은 그의 아들을 통해 계시되었기 때문에 아들에 의해서만 하나님을 알 수 있다.[33] 그런데 이 '안다' 는 것이 단순히 지식적인 차원에 머무르는 것이 아니라 긴밀한 관계 안에서 인격적인 교류를 가짐을 의미한다.[34]

예수는 인자로서 그를 믿는 모든 자에게 생명을 준다.(참조. 요 3:15, 16, 6:40) 예수는 영원한 생명이다.(요 5:26, 11:25, 14:6; 요일 5:20)[35] 요한복음의 생명 사상은 미래에 이루어질 하나님의 나라에서의 생명과 아울러 지금 여기서 예수 안에서 경험하는 생명도 내포한다. 이렇게 요한은 생명을 그리스도 안에서 현재적인 동시에 미래적인 것으로 묘사한다. 이 생명은 예수를 믿는 자에게 주어진 선물이다.(요 3:15-16) 예수의 십자가를 통해 사람이 구원을 경험한다. 예수의 몸으로부터 생수가, 즉 성령이 흘러나온다.(요 7:37-39) 성령은 기적적이고 창조적으로 생명의 구원을 이룬다.[36] 이 '생수의 강의 원천' 인 예수가 사람 속에

---

33) R. Bultmann, *The Gospel of John,* trans. G. R. Bealstey Murray (Oxford: Basil Blackwell, 1971), 494f.를 참조하라.

34) R. E. Brown, *The Gospel according to John*, 261을 참조하라.

35) J. Frey, *Die johanneische Eschatologie Bd. III: Die eschatologische Verköndigung in den johanneischen Texten*, WUNT 117 (Tübingen: Mohr Siebeck, 2000), 270을 보라.

36) U. Wilckens, *Das Evangelium nach Johannes*, NTD 4 (Göttingen, [17]1998), 67f.

생명을 준다.(요 3:3, 5) 그러므로 "누구든지 목마르거든 나에게로 와서 마셔라."라고 예수가 초청하는 음성을 듣는 자는 예수께로 가서 생수를 마실 수 있다. 예수는 하늘에서 내려와 세상에 생명을 주는 생명의 떡이다.(요 6:33, 35, 48, 51) 그러므로 누구든지 이 떡을 먹으면 영원히 살 것이다.(요 6:51) 생명의 원천은 오직 하나님께만 있다.(시 36:9)

요한복음에서 예수는 생명(1:25, 14:6; 계 1:18)으로, 그의 말씀은 영과 생명(6:63)으로 언급된다. 그러므로 그를 믿는 것이 하나님의 생명을 받아들이는 유일한 길이다.(3:16, 5:24, 20:31) 요한복음 11장 25-26절도 그리스도를 믿는 것이 생명의 통로임을 말하고 있다.[37] 그리고 6장 27절은 예수가 주는 양식이 영원한 생명을 주는 양식임을 말한다. 요한복음 4장 14절은 예수를 생명의 물로 묘사한다. 요한복음은 생명 사상에 대하여 미래적인 사상과 아울러 현재적인 생명 사상에 대해서도 중요하게 다루고 있다.

예수는 유일하고 참된 중보자이다. 그는 자신의 고난을 통해 믿는 자에게 성령을 선물했다.(요 7:39) 민수기 21장 4-9절의 유비는 그의 고난의 십자가에 담긴 구원론적인 의미를 보여주고 있다. 예수의 죽음은 그의 고난과 영광을 동시에 표현한다. 요한복음 7장 37-39절은 예수의 몸에서 흘러나오는 생수의 상징 언어를 사용하여 십자가를 통해 일어나는 하나님의 구원 사건을 말하고 있다. 이 생명 구원은 그리스도의 십자가 사건과 관련되어 성령(요 7:37-39; 참고. 요 19:34)에 의해 일어나는(요 3:5) 기적적이고 창조적인 하나님의 구원 사건이다. 이 구원은 현재적이면서 동시에 성령으로 일어나는 종말론적인 사건이고 '근본적으로 새로운 존재로의 전환'을 나타낸다.

요한복음 2장 3절에 따르면 예수가 참석한 잔칫집에 꼭 필요한 "포도주가 모자랐다." 이런 위기 앞에서 예수는 유대 정결법에 사용하는

37) C. H, Dodd, *The Interpretation*, 147.

돌항아리에 물을 채우게 한다. 그 후에 그 물로 포도주를 만드는 표적을 보이신다. 이 '모자람'을 통해 요한은 사람이 사는 동안 실패와 좌절과 절망이 현실적으로 존재한다는 것을 보여준다. 우리 삶 속에서도 잔칫집의 포도주처럼 꼭 있어야 할 것이 모자랄 수 있다. 사람이 살아가는 삶의 현장에는 늘 이런 절망적인 위기가 도사리고 있다.

예수는 이 땅에 메시야로 와서 고난과 질고를 통해 하나님의 통치를 이루고자 했다. 그런 예수를 세상은 알지 못했고(요 1:10) 받아들이지 않았다.(1:11) 요한복음 2장 3절에서 암시하듯이 유대인들이 기다리던 메시야 잔치가 그들의 바람대로 물질적이고 외적인 것이라면 그것은 속이 비고 불완전하다. 그들이 여전히 옛 유대교에 머물러 있는 한, 생명이 없고 구원이 없다는 것을 정결예법에 사용하는 빈 돌항아리란 상징언어를 통해 말하고 있다. 이 포도주 표적을 통해 요한은 유대교 율법의 빈곤함과 비교되는 새로운 율법, 즉 예수의 교훈의 풍성함을 말한다. 의식적으로 자신을 깨끗하게 하고, 아무리 도덕적으로 흠이 없어도 예수 그리스도가 없으면 다 헛것이다. 사람의 도덕적인 완성이 구원을 이루지는 못한다. 생명과 구원은 오직 예수 그리스도의 십자가를 통해 온다.

요한은 이 혼인잔치라는 그림 언어를 통해 유대교에 머물러 있으면 생명력이 없다는 것을 말한다. 요한복음 2장 1-11절은 오직 예수만이 죽어가는 영혼에 생명을 창조하고 구원을 가져온다는 것을 보여준다. 유대인의 물 항아리들은 비어 있었지만 예수는 그 빈 항아리들을 이용하여 메시야 왕국의 완전함과 구원의 완성을 그려내고 있다.(요 2:1-11) 요한복음 4장 10절과 14절은 예수 그리스도를 인간의 목마름을 해결하는 생명의 물로 묘사하고 있다.

공관복음보다 요한복음에 생명이란 표현이 자주 등장하고[38] 생명에 대

38) 요한복음에서 '생명'이란 말이 '생명'이란 표현으로 19번 그리고 요한복음에

한 강조가 더욱 분명하다.[39] 무스너(F. Muβner)는 "요한에게서 조에(ζωή)를 하나님이 보낸 '세상의 구세주' 가 사람을 위해 일하는 모든 것을 포함하는 포괄적인 구원 개념으로 본다. 생명과 함께 나머지의 구원 선물(Heilsgut)이 이미 현재 또는 종말론적인 미래를 위해 보내어진 것으로 이것은 보증된 것이다."[40]라고 요한복음에서의 생명 사상을 규정한다.[41]

요한복음에서 "생명은 하나님 자신과 관계된 생명으로 하나님의 아들이 아버지로부터 받아 소유하는 생명이다."(요 5:26, 6:57)[42] 요한복음에 나타난 생명 사상은 구약성경과 초기 유대교의 생명 사상과 깊이 관련된다. 구약성경에서 '영원한 생명'은 '하이에 올람'(חַיֵּי עוֹלָם)으로 표현된다. 이 단어는 구약성경에서 다니엘 12장 2절에 처음으로, 그리고 단 한 번 나타난다.[43] '영원한 생명' 을 말하는 히브리어 '하이에 올람' 이 온켈로스(Onkelos)의 타르굼(Targum)에서는 '하이에 아르마' (חַיֵּי עַלְמָא)로 나타난다. 그런데 이 단어가 칠십인역에서는 헬라어로 '조에 아이오니오스' (ζωὴ αἰώνιος)로 번역된다. 초기 유대교에 나타난 생명을 표현하는 이 '조에 아이오니오스' 를 요한은 '영원한 생명' 을 나타내는 표현으로 그대로 받아들여 사용한다.[44]

서 '생명' 과 같은 의미를 가지는 '영생' (즉 '영원한 생명')이란 표현으로 20번 나타난다.

39) 배재욱, "요한복음이 말하는 영원한 생명에 대한 소고", 217을 보라.

40) F. Muβner, *ZΩH*, 186f.

41) 이 글에서는 요한복음의 생명 사상을 그리스도론적인 관점으로만 한계를 정하여 다룬다. 요한복음에서 성령과 생명이나 예전과 생명에 대해서는 김춘기, "요한복음에 나타난 생명 사상", 「신학과 목회」 제23집(2005), 5-28, 특히 14-19와 19-26을 참조하라.

42) 배재욱, "요한복음이 말하는 영원한 생명에 대한 소고", 212.

43) R. Bultmann, Art. "ζάω, ζωή (βιόω, βίος)," 856-859를 참조하라.

44) 생명과 영원한 생명에 관한 토론은 김춘기, "요한복음에 나타난 생명 사상", 8-9를 참조하라.

생명은 하나님을 믿는 믿음과 연관되어 있다.(요 3:15-16) 믿음을 가진 자만 하나님의 나라를 볼 수 있고(요 3:3) 하나님의 나라에 들어간다.(요 3:5) 요한복음에서 생명은 예수와 깊은 관련을 가진다.(요 11:25, 14:6; 계 1:18)[45]

요한복음 17장 3절은 "영생은 곧 유일하신 참 하나님과 그가 보내신 자 예수 그리스도를 아는 것"이라고 하면서 생명이 가지는 신적인 관계를 보여준다. 이 구절에서 '아는 것'은 '믿는 것'과 밀접한 관련 속에 있다.[46] 요한복음에서 예수는 하나님과 깊은 교제 속에서 누리는 생명을 그리스도인에게 선물하는 분이다. "하나님 안에 있다는 것은 '생명' 안에 있다는 말이 된다."[47] 이 "생명은 그리스도를 통한 하나님과의 교제 속에 나타나는 생명"이다.[48] 요한복음 11장 25절에 따르면 예수는 '생명' 자체이다. 예수는 '생명의 물'(요 4:10)이고 '생명의 샘'(요 7:38)이다. 예수의 말씀이 곧 생명이다.(요 6:63) 요한은 생명을 받아들이는 유일한 길은 예수를 믿는 것이라는 사실을 말한다.(요 14:6; 참조. 3:16, 5:24, 20:31)[49] 그러므로 요한복음에서 생명은 예수 안에서 하나님과 바른 관계를 가질 때 얻는 것으로 "생명은 역동적이며 지금 여기서 우리의 모든 부분에 살아 있는 힘이다."[50] 예수는 생명의 근

45) 김문경, 『요한신학』(서울: 한국성서학연구소, 2004), 173을 참조하라.

46) 배재욱, "요한복음이 말하는 영원한 생명에 대한 소고", 218을 참조하라. 요한복음에서의 믿음에 대해서는 김춘기, 『요한복음 연구: 요한복음신학과 주석』(서울: 한들출판사, 1993), 80-92를 보라.

47) 김춘기, 『만남의 복음서: 요한복음 주석』(서울: 한들출판사, 2007), 106.

48) 배재욱, "요한복음이 말하는 영원한 생명에 대한 소고", 212.

49) 요한복음에서 20:31은 표적(σημείον)의 결론으로 예수의 표적은 "예수의 이름으로 생명을 얻게 하려는 것이다." 이것에 대해서는 김춘기, 『 요한복음에 나타난 이적이해: 표적 σημείον에 대한 편집사적 입장에서』(서울: 장로회신학대학교, 1982), 76을 보라.

50) 김춘기, 『요한복음 연구』, 94.

원(참조. 시 36:9; 요 7:37-39)이므로 그를 믿는 모든 자는 생명을 얻게 된다.[51] 조에(ζωή)로 나타나는 요한복음의 생명 사상은 하나님의 포괄적인 구원 개념이다. '믿는 자'는 이미 생명을 소유한 것으로 이해한다. 요한복음은 이러한 현재적인 생명 사상(요 3:36, 5:24, 6:47)[52]과 아울러 미래적인 생명 사상 모두를 담고 있다.(요 4:14, 11:25-26)[53]

그런데 그리스도론적으로 강조되는 생명 사상이 요한복음에서도 사상적인 전이(轉移)로 끝나지 않고 순종과 연관되어 윤리적인 연결을 가진다는 데서 바울의 생명 사상과도 접촉점을 가진다. 바울은 예수의 생명 사상을 이어받아 자신의 삶의 자리에서 이해하고 발전시킨다. 바울의 생명 사상에 대해서 다음에 살펴보도록 하자.

3. 사도행전에 나타난 생명

갈라디아서 1장 17절 후반에서 "아라비아로 갔다가 다시 다메섹으로 돌아갔노라."는 말에 나타나는 바울의 모습과 다메섹에 대한 바울의 언급은 사도행전 9장에 나타나는 바울의 다메섹 사건과 연결되고 있다.(행 9:3, 22:6, 26:12f.) 이 다메섹 사건은 바울에게서 사상적인 전환을 이루게 만든다. 다메섹 사건을 통해 예수는 바울에게 더 이상 "나무 위에

51) 참조. 김춘기, 『요한복음에 나타난 이적이해: 표적 σημεῖον에 대한 편집사적 입장에서』, 77.

52) 참조. 배재욱, "요한복음이 말하는 영원한 생명에 대한 소고", 212, 221을 참조하라.

53) Alan Richardson, *An Introduction to the Theology of the New Testament* (London: SCM Press, 1958; 1982), 83f.; 배재욱, "요한복음이 말하는 영원한 생명에 대한 소고", 214를 참조하라. 특히 요한복음에서의 현재적인 생명과 미래적인 생명에 대한 토론은 배재욱, "요한복음이 말하는 영원한 생명에 대한 소고", 213-221을 참조하라.

못박혀 죽은 저주받은 죄인”이 아니라 ‘주’(主)와 ‘하나님의 아들’이 되었다. 이 다메섹에서의 경험으로 바울은 “그리스도 예수께 잡힌바” 되어(빌 3:12) 이방인을 위한 필연적인 복음전도자의 삶을 살게 된다.(고전 9:16; 갈 1:16) 바울은 자신의 신학적인 터전을 예수 그리스도와의 관계 속에 둠으로써 자신의 복음이 “사람의 뜻을 따라 된 것이 아니라 오직 예수 그리스도의 계시로 말미암은 것이라.”(갈 1:11-12)고 하는 것이다. 이러한 다메섹에서의 경험으로 바울은 일생을 “주 예수께 받은 사명 곧 하나님의 은혜의 복음 증거하는 일”을 위하여 사용했고 그 일을 마치기 위하여 자신의 “생명을 조금도 귀한 것으로 여기지 아니하였다.”고 고백한다.(참조. 행 20:24) 그러면 이제 누가가 사도행전에서 말하는 생명 사상은 어떤 모습을 가지는가를 살펴보려고 한다. 사도행전에서 생명은 먼저 오순절 후 행한 베드로의 설교 속에서 찾을 수 있다. 사도행전 2장 28절에서 “주께서 생명의 길로 내게 보이셨으니 주의 앞에서 나로 기쁨이 충만하게 하시리로다.”라는 구절에서 ‘생명의 길’(ὁδοὺς ζωῆς)은 “죽음으로부터 부활의 삶으로 인도하는 길”[54]이다. 이 ‘생명의 길’은 2장 27절에서 ‘주의 거룩한 자’, 즉 메시야가 “썩음을 당치 않게 하실 것”임을 말한 후 그것과 대조적으로 28절에 ‘생명의 길’은 부활을 지시한다. 즉 부활을 목표로 하는 생명, 부활을 위한 생명, 부활 사상에 의하여 지배되는 생명의 의미로 볼 수 있다. 3장 15절에서 “너희가 … 생명의 주를 죽였도다.”(τὸν ἀρχηγὸν τῆς ζωῆς ἀπεκτείνατε)와 “하나님이 죽은 자 가운데서 살리셨다.”(ὁ θεὸς ἤγειρεν ἐκ νεκρῶν)가 서로 대칭되면서 그리스도의 부활을 강조한다. 15절의 ‘생명의 주’(ὁ ἀρχηγός τῆς ζωῆς)에서 아르케고스(ἀρχηγός)는 ‘주’, ‘주인’, ‘인도자’란 말로도 번역되지만 ‘근원자’(Urheber)란

54) E. Haenchen, *Die Apostelgeschichte*, E. 핸헨, 『사도행전(1)』, 국제성서주석(서울: 한국신학연구소, 1987), 292.

말로도 번역이 가능하므로 누가가 예수를 생명의 근원으로 보고 있다는 의미로 볼 수 있다. 이런 가능성 속에서 본다면 생명은 '생명의 근원'(참조. 시 36:9)된 예수 그리스도를 위한 생명임을 누가가 말하고자 한다는 것을 유추할 수 있을 것이다. 이런 논지 속에서 본다면 5장 20절에서 "생명의 말씀"(τὰ ῥήματα τῆς ζωῆς ταύτης)도 같은 맥락에서 관찰할 수 있다. 이 말은 13장 26절에서 나타나는 "이 구원의 말씀'(ὁ λόγος τῆς σωτηρίας ταύτης)이 지시하는 것처럼 "그리스도를 통하여 얻는 '생명'과 '구원'을 가리킨다."[55] 이러한 누가의 의도를 통하여 볼 때 초기 교회는 이미 그리스도를 '생명의 주'(ἀρχηγός τῆς ζωῆς)로 고백하고 그리스도의 말씀을 통해 생명이 전달됨을 인식하였다는 것을 알 수 있다.

사도행전 7장 38절에서 '생명의 도'(λόγια ζῶντα)는 '생명의 말씀'(Worte des Lebens)의 의미로 해석할 수도 있지만 '살아 있는 말씀'(verba vitae, lebendige Aussprüche, living words, living oracles)으로도 해석할 수 있다. 7장 38절에서 '로기아 존타'(λόγια ζῶντ)는 출애굽 당시 모세가 하나님께로부터 백성들을 위하여 받은 말씀을 말한다. 신명기 32장 47-48절에서 모세는 자신이 이스라엘 백성에게 증거한 말씀을 "너희의 생명"이라고 말한다. 모세는 백성들을 위해서 "살아 있는 말씀"을 받았다. '말씀'(λόγια)은 '예언'(혹은 신탁, χρησμός)과 마찬가지로 '신탁'을 뜻한다.[56] 신명기 32장 47절의 히브리어 원문에는 "율법을 지키는 사람은 오래 산다고 되어 있다. 거기서는 이 때문에 '너희 생명' = '생명을 주는' 이라는 말이 언급된다."[57] 이러한 배경에서 누가

55) E. Haenchen, *Die Apostelgeschichte*, 386.

56) Kirsopp Lake, *The Beginnings of Christianity. The Acts of the Apostles*(1,4), Frederick J. Foakes-Jackson(Hg.)(London: Macmillan, 1933); G. Kittel, Art. "λέγω D. Wort und Reden im NT," *ThWNT* IV(1942), (100-147), 141을 참조하라. E. Haenchen, *Die Apostelgeschichte* 1, 430과 각주 24를 참조하라.

는 사도행전 7:38에서 하나님의 입으로 나오는 말씀을 "살아 있는 말씀"(λόγια ζῶντα)으로 표현한다. 그러나 누가에게서 '생명'(ζωή)은 "하나님의 나라에의 참여를 생각하고 있다."[58] 이런 관점에서 본다면 누가의 이런 시각이 하나님의 나라라는 관점에서 생명 개념을 이해하는 요한의 시각과 비슷하게 나타난다. 요한복음에서 "하나님의 나라"는 3장 3, 5절에 한 번씩 단 두 번 나타나는데 여기서 말하는 하나님의 나라는 생명의 관점에서 이해가 가능하다. 이 생명은 하나님의 나라에서 누리는 생명이다. 사도행전 11장에 보면 베드로의 보고를 들은 사도들이 "하나님께서 이방인에게도 생명 얻는 회개를 주셨도다."(행 11:18) 라고 말한다. 아레오바고 광장에서 행한 바울의 설교(행 17:16-31)에서 하나님은 "만민에게 생명과 호흡과 만물을 친히 주시는 자"(행 17:25) 로 표현된다. 이 표현은 하나님이 우주적인 하나님임을 나타내고 있다. 만민에게 생명을 준다는 표현에서 누가가 이미 구약성경에 나타난 하나님의 상(像)[59]을 받아들이고 있음을 알 수 있다. 요한복음 6장 33절에서 "하나님의 떡은 하늘에서 내려 세상에게 생명을 주는 것이니라." 고 했는데 요한의 이러한 진술도 사도행전 17장 25절에서 말하는 우주적인 하나님 상을 보여준다.

57) E. Haenchen, *Die Apostelgeschichte*, E. 핸핸, 『사도행전(1)』, 국제성서주석(서울: 한국신학연구소, 1987), 430.

58) E. Haenchen, *Die Apostelgeschichte*, 430.

59) 시편 27편 1절 - "여호와는 내 생명의 능력"; 시 36:9 - "생명의 원천이 주께 있사오니"; 민수기 16장 22절 - "모든 육체의 생명의 하나님"; 민 27:16 - "모든 육체의 생명의 하나님"; 신명기 30장 20절 - "네 하나님 여호와를 사랑하고 그 말씀을 순종하며 또 그에게 부종하라 그는 네 생명이시요."

4. 바울 서신에 나타난 생명

1) 바울이 이해한 예수의 생명 사상

바울의 생명 사상을 이해하기 위해서는 예수의 생명 이해를 먼저 살펴보는 것이 중요하다. 이는 바울 신학의 근저(根底)에는 예수가 계시기 때문이다. 바울은 다메섹으로 가는 길에 예수를 만나게 되고 거기서 예수를 위한 사람이 된다.(행 9:1-19) 이 회심 사건에 대해 바울은 갈라디아서 1장 16절에서 "그의 아들을 이방에 전하기 위하여 그를 내 속에 나타내시기를 기뻐하셨다."고 말하는데, 이 말은 자신의 다메섹 사건을 말하는 것으로 보인다. 그리고 이 다메섹 사건 이후에 아라비아를 방문한 것에 대해 갈라디아서 1장 17절에 보도하고 있다. 바울에게서 다메섹 사건과 아라비아에서의 경험은 그의 일생에서 잊지 못할 소중한 '회심' 사건으로 삶의 전환점이 되었다. "이 경험은 바울에게 있어서 결코 잊을 수 없는 부활하신 주님과의 만남이었다."[60] 누가는 바울의 다메섹 경험을 세 번이나 자세하게 보도하고 있다.(행 9:3-19, 22:6-16, 26:12-18)

불트만(R. Bultmann)[61]이나 발터(N. Walter)[62]는 바울이 예수 전승을

60) Joseph A. Fitzmyer, *The Pauline theology*, The New Jerome Biblical Commentary, 죠셉 피츠마이어/배용덕 편역, 『바울의 신학』(서울: 도서출판 솔로몬, 2002), 36.

61) Rudolf Bultmann, *Theologie des Neuen Testaments* (Tübingen: J.C.B.Mohr, 1958), 189.

62) N. Walter, "Paul and the Early Christian Jesus-Tradition," *Paul and Jesus,* ed. A. J. M. Wedderburn and C. Wolf (Sheffield, 1989), 63-66, 277; 참조. Otfried Hofius, "Agrapha," *TRE* II (1978), (103-110), 104; F. Neirynck, "Paul and the Sayings of Jesus," in: Vanhoye, Albert (Hrsg.), *L' Apotre Paul: personnalité, style et conception du ministère*, BETL 73(Leuven: Univ. Pr. [u.a.], 1986), 311.

명확하게 말하지 않고 있다고 본다. 그러나 김세윤의 "바울 서신들에 있는 예수전승"이란 논문에서는 그와 반대되는 견해를 볼 수 있다. "하나님의 나라를 중심으로 한 예수의 가르침과 바울의 신학 전체 사이에는 진정한 연속성이 존재한다. 예수의 하나님의 나라 복음을 예수 그리스도의 죽음과 부활의 사도적 복음으로 대체시킨 것은 전자에서 약속된 구원이 그리스도의 죽음과 부활로 실현되었으므로 논리적으로 필연적이었다. [예수와 바울의] 신학적인 연속성은 바울이 '하나님의 나라' 그리고 '아바'(ἀββᾶ)와 같이 특별히 예수적인 용어를 사용하고, 율법, 성전, 종말론 등에 대한 그의 가르침들을 반영하며, 죄인들에 대한 환영, 자아 포기와 겸손한 섬김 등과 같은 그의 자세와 행위를 구체적으로 반영함으로 더욱 확실해진다."[63] 김세윤은 예수와 바울 사이의 연속성을 주장하면서,[64] 바울 서신인 고린도전서 7장 10-11절, 9장 14절, 11장 23-25절, 14장 37절, 고린도후서 12장 9절 그리고 데살로니가전서 4장 15-17절에서 명확하게 '주님의 말씀들'을 언급하고 있다고 보았다.[65] 이외에도 바울 서신에서 예수의 말씀을 언급하거나 암시하는 것이 확실하거나 개연성이 매우 큰 열아홉 곳을 더 언급하면서,[66] 김세윤은 "예수의 가르침은 바울에게 그의 신학 전체를 위한 기초를 제공하여 준다."고 결론 내리고 있다.[67]

63) 김세윤, "바울 서신들에 있는 예수전승", in: Seyoon Kim, *Paul and the New Perspective*, 김세윤 저/김옥배 역, 『바울 신학과 새 관점: '바울 복음의 기원'에 대한 재고』(서울: 두란노, 2002), 480.

64) 김세윤, "바울 서신들에 있는 예수전승", 411-485.

65) 김세윤, "바울 서신들에 있는 예수전승", 413-414.

66) 이것에 대해서는 김세윤, "바울 서신들에 있는 예수전승", 413-479를 보라.

67) 김세윤, "바울 서신들에 있는 예수전승", 480.

2) 예수의 복음과 바울의 생명 이해

신약성경은 한결같이 생명에 대해 중요하게 언급한다. 신약성경의 생명(ζωή)은 일반적으로 단순한 자연적 현상으로서의 생명, 즉 육체 가운데 있는 생명(갈 2:20) 또는 한시적인 생명(고전 15:19)을 의미하기보다 하나님께로부터 기원된 하나님의 본질을 의미하는 생명이다. 예수는 생명의 주인(행 3:15)이요, 예수 안에 생명이 있다.(롬 8:2) 그리스도인의 생명은 그리스도와 함께 하나님 안에 감춰져 있다.(골 3:3-4) 바울 서신은 요한복음에서처럼 생명에 대하여 분명하게 말하고 있다. 우리네 인간들이 삶의 현장에서 당하는 여러 가지 인생의 문제들에 대해서 바울이 어떻게 이해하고 받아들였는가에 대한 것은 우리의 생명과 분리될 수 없는 문제이다. 바울의 생명 사상은 구약성경과 초기 유대교의 배경 위에서 바른 이해에 도달할 수 있다. 또한 바울의 생명에 대한 이해는 그가 예수의 복음을 어떻게 이해하고 받아들였는가와 밀접하게 관련되어 있다. 바울은 다메섹으로 가는 길에서 예수를 만나고 그를 통한 신비한 체험은 그의 인생을 예수께 매달리게 만들었다. 바울은 이 다메섹 사건에서 자신을 부르시는 하나님의 음성을 듣게 된다. 갈라디아서 1장 15-16절에서 바울은 자신이 경험한 다메섹 사건의 의미를 해석하고 있다. "내 어머니의 태로부터 나를 택정하시고 그의 은혜로 나를 부르신 이가 그의 아들을 이방에 전하기 위하여 그를 내 속에 나타내시기를 기뻐하셨다."(참조. 행 9:1-19) 바울은 자기를 하나님의 일꾼으로 부르심을 하나님의 은혜로 이해한다.(참조. 롬 1:5) 갈라디아서 1장 16절에서 바울은 자신의 복음의 근거가 무엇인지를 분명히 한다. 그것은 "그의 아들을 이방에 전하기 위하여 그를 내 속에 나타내시기를 기뻐하셨다."는 말 속에서 찾을 수 있다. 바울이 경험한 다메섹 사건은 하나님이 개입하여 주도적으로 일하신 하나님의 사건이다. "그의 아들을 이방에 전하기 위하여"(ἵνα εὐαγγελίζωμαι αὐτὸν ἐν τοῖς ἔθνεσιν - 갈 1:16)란 표현에서 보듯이 하나님께서 이 구원 사건을 섭리하시고 주도하신 것이다. 갈라디아서 1장 12절에서 보다시피 다메섹 사건은 "그리스도의 '계시 사건'", 즉 "하나님께서 하나님의 아들을 나타내시기를 기뻐하신(ἀποκαλύψαι τὸν υἱὸν αὐτοῦ ἐν ἐμοί) 사건"이다.[68] 여기서 1장 16절의 '계시하다'(ἀποκαλύπτω)란 말[69]은 12절의 '예수 그리스도의 계시'(ἀποκάλυψις Ἰησοῦ Χριστοῦ)와 평행되는 말로 바울이 다메섹에서 경험한 예수와의 만남을 의미한다. 바울이 고린도전서 9장 1절에서 "내가 … 예수 우리 주를 보지 못하였느냐"라고 말하는데 이 말도 다메섹에서의 예수 사건을 의미한다.(참조. 고전 15:8; 비교. 빌 2:12) 바울에게서 그리스도의 계시는 예수 사건이고 이방인들을 부르시고자 하는 하나님의 구원 사건이다.

바울은 갈라디아서 1장 11-12절에서 자신이 전하는 복음이 사람으로 말미암은 것이 아니라 하나님에게 기원을 가지고 있음을 분명히 하고 있다. "내가 전한 복음은 사람의 뜻을 따라 된 것이 아니니라. 이는 내가 사람에게서 받은 것도 아니요 배운 것도 아니요 오직 예수 그리스도의 계시로 말미암은 것이라."(갈 1:11-12) 이러한 확신을 가진 바울은 다메섹 사건을 경험한 후에 자신이 했던 행동에 대해 "혈육과 의논하지 아니하고 또 나보다 먼저 사도 된 자들을 만나려고 예루살렘으로 가지 아니하고 아라비아로 갔다가 다시 다메섹으로 돌아갔노라."(갈 2:16-17)고 말한다. 이 구절에서 보면 '혈육'과 '먼저 사도 된 자들' 그리고 '예루살렘'은 서로 평행을 이루며 '아라비아'와는 대구(對句)로 나타난다. 바울은 예루살렘이 아니라 아라비아로 갔다(갈 1:17)는 말로

---

68) 이한수, 『바울신학연구』(서울: 총신대학출판부, 1993), 25.

69) 갈라디아서 1장 16절의 한글 개역개정본은 헬라어 ἀποκαλύπτω를 '나타내다'란 말로 번역하고 있다.

초기 교회 시대에 예루살렘 교회가 가지고 있는 권위를 무시하는 것이 아니며, 자신이 전하는 복음이 사도들이나 예루살렘에 기원을 두는 것 또한 아니며, 이는 예수의 계시에 의한 것임을 밝히고 있다. 갈라디아서 1장 17절 후반에서 "아라비아로 갔다가 다시 다메섹으로 돌아갔노라."는 말에서 바울의 다메섹에 대한 언급은 사도행전 9장에 나타나는 다메섹 사건과 연결되고 있다.(행 9:3, 22:6, 26:12f.) 이 다메섹 사건은 바울에게서 사상적인 전환을 이루게 만든다. 다메섹 사건을 통해 예수는 바울에게 '주'와 '하나님의 아들'이었지, 더 이상 나무 위에 못박혀 죽은 저주받은 죄인이 아니었다. 이 다메섹에서의 경험으로 바울은 "그리스도 예수께 잡힌바" 되어(빌 3:12) 이방인을 위하는 필연적인 복음 전도자의 삶을 살게 된다.(고전 9:16; 갈 1:16) 바울은 자신의 신학적인 터전을 예수 그리스도와의 관계 속에 둠으로써 자신의 복음이 "사람의 뜻을 따라 된 것이 아니라 오직 예수 그리스도의 계시로 말미암은 것이라."(갈 1:11-12)고 하는 것이다.

3) 바울의 생명 사상과 그리스도

그리스도는 부활을 통해 새 생명의 창시자가 되었기 때문에(롬 5:15-21; 고전 15:20-23), 그리스도인은 그리스도의 생명으로 사는 것이고(고후 4:10) 그리스도인 안에 그리스도가 함께 살고 있다.(갈 2:20; 빌 1:21) 이런 점에서 볼 때 바울의 생명 사상도 아울러 그리스도의 사상과 깊은 연관 관계 속에 있다고 볼 수 있다. 바울 서신에 생명을 의미하는 조에(ζωή)가 많이 등장한다. 바울 서신에서 '조에'는 다른 신약성경에서처럼 '생명',[70] '삶'[71](참조. 고전 15:22)으로 번역되고 있다. 바

70) 롬 5:17, 18, 6:4, 7:10, 8:2, 6, 38; 고전 3:22, 14:7; 고후 2:16, 4:10, 12, 5:4; 골 3:3, 4; 딤전 6:19; 엡 4:18; 빌 2:16, 4:3; 골 3:4; 딤전 6:19; 딤후 1:1, 10.

울 서신에서 생명을 의미하는 조에(ζωή)가 '생명과 평안'(ζωὴ καὶ εἰρήνη - 롬 8:6), '사망과 생명'(οὔτε θάνατος οὔτε ζωή - 롬 8:38) '생명 또는 사망'(ζωὴ εἴτε θάνατος - 고전 3:22), '예수의 생명'(ζωὴ τοῦ Ἰησοῦ - 고후 4:10-11), '하나님의 생명'(ζωὴ τοῦ θεοῦ - 엡 4:18), '생명의 말씀'(λόγον ζωῆς - 빌 2:16), '생명의 책 안에'(ἐν βίβλῳ ζωῆς - 빌 4:3; 계 3:5; 참고. 시 68:29; 계 13:8, 17:8), '여러분의 생명'(ἡ ζωὴ ὑμῶν - 골 3:3), '여러분의 생명 그리스도'[72](ὁ Χριστὸς, ἡ ζωὴ ὑμῶν - 골 3:4) 등과 같이 다른 개념과 함께 연결되어 나타나기도 한다. .

고린도전서 15장 20-24절에서는 생명 사상과 하나님의 나라 사상이 깊이 연결되어 있으면서 이 생명 사상이 죽음과 대조를 이루고 있다. 이 대조는 고린도전서 15장 22절에서 분명하게 나타난다. "아담 안에서 모든 사람이 죽은 것같이 그리스도 안에서 모든 사람이 삶을 얻으리라." 죽음과 생명이 대조되는 이 구절은 '아담'과 '그리스도'가 대조된다. 여기서 아담과 그리스도는 비슷하면서도 다르다. 아담은 죽은 자의 대표로 그리고 그리스도는 산 자의 대표로 나타나는데, 아담 안에 있는 모든 자는 죽은 자이고 그리스도 안에 있는 모든 자는 산 자이다. 이런 대조를 통해 바울은 죽음 저 너머에 있는 개념으로 생명을 형상화하면서 생명이란 것이 그리스도 안에 있다는 것을 분명히 하고 있다. 바울의 이런 사상은 구약성경에서 하나님이 생명의 근원이라는 사상에

71) 고린도전서 15장 22절에서 "그리스도 안에서 모든 사람이 삶을 얻으리라."(ἐν τῷ Χριστῷ πάντες ζῳοποιηθήσονται)란 구절에서 헬라어 ζῳοποιέω는 미래 수동태 직설법 3인칭 복수인데 우리말 성경에는 "활기 있게 될 것이다" 또는 "살게 될 것이다"란 동사적인 번역어를 취하지 않고, 그냥 "삶"이라고 번역된다.

72) 골로새서 3장 4절의 헬라어 "ὅταν ὁ Χριστὸς φανερωθῇ, ἡ ζωὴ ὑμῶν"(여러분의 생명이신 그리스도가 나타나실 때)를 우리말 번역 성경은 "우리의 생명이신 그리스도가 나타나실 그 때"라고 번역한다.

뿌리를 두고 있다.

창세기에서 하나님은 생명의 창조자이시다. 창세기 2장 7절은 분명하게 인간의 생명 시작이 하나님의 호흡에 있음을 나타낸다. “여호와 하나님이 땅의 흙으로 사람을 지으시고 생기를 그 코에 불어넣으시니 사람이 생령이 되니라.”(창 2:7) 시편 36편 9절에서는 “생명의 원천이 주께 있사오니”라고 한다. 이러한 구약성경의 생명 사상은 신약에서 예수에게 적용되어 예수를 “생명의 주님”으로 고백하고 있다.(행 3:15) 요한복음은 예수를 ‘생명의 떡’(6:35, 48), “하늘에서 내려온 살아 있는 떡”(6:51)이라고 했다. 더욱이 요한복음은 예수가 했던 말을 ‘영과 생명’(τὰ ῥήματα ἃ ἐγὼ λελάληκα ὑμῖν πνεῦμά ἐστιν καὶ ζωή ἐστιν, 요 6:63)이라고 했다. 바울도 예수에 대한 이러한 신약성경의 전통을 그대로 이어받고 있다. 로마서 5장 12-14절에서 아담이라는 인물을 장차 오실 예수에 대한 표상(表象)으로 두면서 15-21절에서 예수 그리스도 안에서 얻게 되는 ‘생명’을 밝히고 있다.

> 롬 5:17 은혜와 의의 선물을 넘치게 받는 자들은 한 분 예수 그리스도를 통하여 생명 안에서 왕 노릇 하리로다
>
> 롬 5:18 [그리스도의] 한 의로운 행위로 말미암아 많은 사람이 의롭다 하심을 받아 생명에 이르렀느니라
>
> 롬 5:21 주 예수 그리스도로 말미암아 영생에 이르게 하려 함이라

바울이 로마서 5장 17, 18절 그리고 21절에서 세 번이나 생명을 그리스도와 연관시켜 말하는 것은 생명이 그리스도 안에서 의미를 가진다는 것을 강조하는 것이다. 17절에서 예수는 인간 생명의 담지자(擔持者)이다. 18절에 나오는 많은 사람들은 그리스도 안에서 생명의 선물을 받게 되는 소망을 가진 자들이다. 바울은 21절에서 다시 한 번 생명이

그리스도로 말미암아 이루어짐을 밝힌다. 그리스도와 생명이 관련되는 이러한 언급은 고린도전서 15장 22절과 고린도후서 4장 10-11절에도 나타난다. 바울은 골로새서 3장 4절에서 생명의 본질이 그리스도 안에서 의미를 가진다는 것을 '그리스도'(Χριστὸς)는 생명(ζωή)이란 말을 통해 분명히 하고 있다.

4) 그리스도의 대속의 죽음을 통해 이루어지는 생명

로마서 5장 10절에서 "우리가 원수 되었을 때에 그의 아들의 죽으심으로 말미암아 하나님과 화목하게 되었은즉 화목하게 된 자로서는 더욱 그의 살아나심으로 말미암아 구원을 받을 것이니라."고 하는 이 말은 그리스도의 대속의 죽음을 통해 이루어지는 인간의 구속에 대한 말이다. 하나님과 원수 되었던 인간은 그리스도의 대속의 죽음을 통해 하나님과 화해를 이루었고 이 화해를 통해 그리스도의 부활에 참여하게 된다. 골로새서 1장 21-22절은 로마서 5장 10절의 사상을 보충하고 있다. "전에 악한 행실로 멀리 떠나 마음으로 원수가 되었던 너희를 이제는 그의 육체의 죽음으로 말미암아 화목하게 하사 너희를 거룩하고 흠없고 책망할 것이 없는 자로 그 앞에 세우고자 하셨다." 죄 아래에서 인간은 죽음의 지배를 받게 되었지만 그리스도의 대속의 죽음은 의(義)의 지배 아래에서 생명의 역사를 만들어간다. 죄 아래에 있는 인간에게 있어서 "죄의 삯은 사망"이지만 그리스도 안에 있는 자는 "영원한 생명"의 소망을 가진다.(참조. 롬 6:23) 그리스도가 인간을 죄로부터 구원하고자 하는 것은 이미 예수의 지상 사역에서 드러났다. 예수는 누가복음 5장 31-32절에서 "건강한 자에게는 의사가 쓸데없고 병든 자에게라야 쓸 데 있나니 내가 의인을 부르러 온 것이 아니요 죄인을 불러 회개시키러 왔노라."고 말한다. 이 예수의 언급은 예수의 사명이 생명을 구원하여 회복시키기 위하여 권능을 베푸는 것임을 드러내는 것이다.(참조. 막 5:23, 9:18f.) 바울에게서도 그리스도는 인간 구원의 시작이다. 죄인을 위한 그리스도의 십자가에서의 대속의 죽음(고전 15:3)은 부활(롬 4:25, 6:4; 고전 6:14, 15:4, 20; 갈 1:1; 엡 1:20; 골 2:12)과 아울러 바울 신학의 근간을 이루고 있다. 고린도후서 5장 21절과 갈라디아서 3장 13절은 인간의 죄 문제와 그리스도의 속죄를 통해 이루어지는 대속의 은총을 말한다. 그리스도는 자기 희생을 통해 인간의 죄 문제를 해결했다. 고린도전서 5장 2절은 "우리의 유월절 양 곧 그리스도께서 희생되셨느니라."고 했다. 그리스도는 유월절 양(πάσχα)으로서 자신을 버리고 "향기로운 제물과 희생제물로 하나님께 드리셨다."(엡 5:2) 그리스도의 대속의 죽음으로 인해 죄로부터의 구원이 이루어지며, 새로운 생명이 싹트게 된 것이다.(롬 5:14)

5) 생명과 시간

성령(πνεῦμα)은 미래에 대한 보증이지만(롬 8:11) 동시에 이미 그리스도와 함께 그리스도인 안에 현존하고 있다. 그러므로 그리스도인은 이미 생명(ζωή)을 가진 존재로 역사적 실재 속에서 생명을 주는 '성령'의 지배 아래 있다. 이런 면에서 바울이 말하는 "생명의 시간관"을 이해해야 할 것이다. 고린도전서 15장 26-28절에 따르면 생명은 역사적인 시간에 제한되지 않고 영생을 지향한다.(참조. 롬 6:22; 갈 6:8) 이렇듯 바울에게서 현재적인 생명 사상이 미래적인 생명 사상을 담고 있는 영생으로의 변화를 이루고 있다.(살전 4:13-17; 고전 15:20-28, 35-49, 51-58) 이것은 바울이 묵시문학적인 전통을 따르고 있다는 것을 보여주고 있다. 그러나 바울은 초기 유대교의 묵시 사상과는 다르게 그리스도론적인 해석을 하고 있고(고후 5:8; 빌 1:23; 살전 4:17), 미래에 가질 생명을 사변적으로 설명하기보다는 비유적인 암시(暗示)로 제한한다.(참조. 고전 15:35-44; 고후 5:7) 바울에게서 생명은 현재적인 사상을 담고 있다.

결론적으로 볼 때 생명(ζωή)은 바울에게서 미래적인 것으로 언급되고 있다. 그러나 생명은 미래적인 소망에만 국한되는 것은 아니다. 왜냐하면 그리스도 안에 있는 사람은 이미 그것을 소유하고 있기 때문이다. 그리스도 안에서 가지게 되는 생명은 삶의 현실 속에 영향을 미친다.(고전 7:29-40)

5. 공동서신에 나타난 생명

1) 히브리서

히브리서 7장 3절도 무한히 연장된 생명의 모습을 나타낸다. 히브리서 7장 3절에 나타나는 멜기세덱의 모습은 야고보서 4장 14절과 비교된다. 야고보서 4장 14절은 '생명'을 '안개'란 단어에 비유하면서 인간의 삶을 제한되고 일시적인 것으로 표현한다. 히브리서 7장 1-3절에서 멜기세덱은 "아버지도 없고 어머니도 없고 족보도 없고 시작한 날도 없고 생명의 끝도 없어 하나님의 아들과 닮아서 항상 제사장으로 있느니라."고 한다. 히브리서의 이 구절에서 저자는 멜기세덱의 제사장적인 성격이 유대교와 반대되는 방향에서 설명되는 인상을 준다. 그리스도가 제사장 가문 출신이 아니므로(7:13-14), 어떤 의미에서는 그리스도는 족보를 가지지 않는다고 볼 수도 있을 것이다.[73] 히브리서 저자의 입장에서는 "시작한 날도 없고 생명의 끝도 없어 … 항상 제사장으로"(히

73) Otto Michel, *Der Brief an die Hebraer*, 오토 미헬/강원돈 역, 『히브리서』, 국제성서주석 43(서울: 한국신학연구소, 1988), 361-362를 참조하라.

7:3) 있는 멜기세덱은 생명의 한계 속에서 살아가며 '안개'와 같은 것을 마음에 두고 사는 자들과 의미 있게 비교된다. 히브리서 7장 3절에 나타나는 '생명의 끝'이 의미하는 것이 무엇인가? '생명의 끝'이란 표현을 통하여 히브리서 저자는 "멜기세덱의 영원성"을 말하며, "그가 세속적인 관계와 율법적이고 인간적인 서열과는 무관하다는 것을 다시 한 번 암시한다."[74]

히브리서 7장 15-16절에서 예수 그리스도는 "멜기세덱과 같은 별다른 한 제사장"으로 "그는 육신에 속한 한 계명의 법을 따르지 아니하고 오직 불멸의 생명의 능력을 따라 되었다."(히 7:16)고 한다. 7장 16절은 14절에 나타난 '우리 주'(ὁ κύριος ἡμῶν), 즉 예수 그리스도를 멜기세덱의 배경과 "아버지도 없고 어머니도 없고 족보도 없고 시작한 날도 없고 생명의 끝"(7:3)도 없음을 말하는 7장 3절의 배경에서 그리스도를 "육신에 속한 한 계명의 법"이 아니라, "불멸의 생명의 능력을 따라"(κατὰ δύναμιν ζωῆς ἀκαταλύτου, 7:16) 되었다고 이해한다. 요한복음 1장 1ff.절은 태초부터 하나님과 함께한 로고스 사상을 통해 그리스도의 선재 사상을 이끌고 있는데 요한의 이 선재 사상과 비슷하게 히브리서 저자는 "시작한 날도 없고 생명의 끝도 없어 하나님의 아들과 닮아서 항상 제사장으로 있느니라."(μήτε ἀρχὴν ἡμερῶν μήτε ζωῆς τέλος ἔχων, ἀφωμοιωμένος δὲ τῷ υἱῷ τοῦ θεοῦ, μένει ἱερεὺς εἰς τὸ διηνεκές, 7:3)는 말로 선재 사상을 나타낸다.

히브리서 4장 12절에서 생명은 하나님의 말씀과 연관되어 나타난다. "하나님의 말씀은 살아 있고 활력이 있어 좌우에 날선 어떤 검보다도 예리하여 혼과 영과 및 관절과 골수를 찔러 쪼개기까지 하며 또 마음의 생각과 뜻을 판단하나니."(히 4:12) 히브리서 4장 12절에서 "하나님

74) Otto Michel, *Der Brief an die Hebraer*, 오토 미헬/강원돈 역, 『히브리서』, 국제성서주석 43(서울: 한국신학연구소, 1988), 362.

의 말씀은 살아 있고"라고 했는데 이것은 신명기 32장 46-47절의 배경에서 이해된다. 모세가 이스라엘 백성들에게 "이 율법의 모든 말씀을 지켜 행하게 하라."고 하면서 "이는 너희에게 헛된 일이 아니라 너희의 생명이다."라고 말한다. 시편 36장 9절에 "생명의 원천이 주께 있사오니"라고 했는데, 이 시편에서의 생명에 대한 이해가 구약성경 전체를 통해 구체화되어 나타난다. 하나님의 말씀은 살리는 능력이 있고 생명의 원천은 하나님이다. "말씀이 '살아 있을' 수 있는 까닭은 말씀 속에 하나님의 생명이 간직되어 있기 때문이다."[75] 하나님으로부터 생명을 분배 받은 사람은 생명을 가진 존재로 생명 안에서 생명의 기쁨을 향유한다.

2) 야고보서

야고보서 4장 14절은 생명을 '안개'란 언어로 비유하면서 생명 사상을 제한되고 일시적인 관념으로 나타낸다. "너희 생명이 무엇이냐 너희는 잠깐 보이다가 없어지는 안개니라."(약 4:14)는 말을 통해 야고보는 인간이 추구하는 것이 얼마나 덧없고 불확실한가를 일깨워준다. 아무리 뛰어난 사람이라도 내일 무슨 일이 일어날지 모르는 것이 인간이라는 것이다. 잠언 27장 1절에서도 이와 비슷하게 불확실성 속에 살아가는 인간 실상을 말한다. "너는 내일 일을 자랑하지 말라 하루 동안에 무슨 일이 일어날는지 네가 알 수 없음이니라."(잠 27:1) 예수는 "그러므로 내일 일을 위하여 염려하지 말라 내일 일은 내일이 염려할 것이요 한 날의 괴로움은 그 날로 족하니라."고 제자들에게 가르쳤다.(마 6:34) '안개'(ἀτμίς)라는 상징을 통해 야고보가 의도하는 것은 "때가 불확실하다는 생각 정도가 아니라 그보다 훨씬 더 중요한, 계획을 세우

75) Otto Michel, *Der Brief an die Hebraer*, 277.

는 자들의 실존과 삶이 불확실하다."[76]는 생각에서 기인한다.(참조. 약 1:10-11)

누가복음 12장 16-20절에 "밭에 소출이 풍성하매" 한 부자가 "심중에 생각하여 이르되 내가 곡식 쌓아둘 곳이 없으니 어찌할까"(12:17) 고민하던 중에 "내 곳간을 헐고 더 크게 짓고 내 모든 곡식과 물건을 거기 쌓아 두리라."(12:18)는 말로 자신의 고민을 해결한 듯하다. 그렇지만 그 도모가 안개와 같이 덧없는 것에 기반을 두고 있는 것임을 누가는 말하고자 한다. 그 사람은 "내가 내 영혼에게 이르되 영혼아 여러 해 쓸 물건을 많이 쌓아두었으니 평안히 쉬고 먹고 마시고 즐거워하자 하리라."(12:19)라는 말로 인생을 즐기기를 원하지만 얼마나 불확실성에 생명의 근거를 두고 살아가는가를 그는 죽을 때까지 깨닫지 못하고 있다. 이 비슷한 예가 집회서 11장 18-19절에도 나타나는데 집회서의 진술은 더욱 구체적이다. "고생하여 부자가 되는 자가 있다. 그러나 그의 이득을 다른 사람이 취하리라. 어느 때에 그는 '이제 여유가 생겼으니 내 재산을 즐기리라' 고 말할 것이나 자신의 때가 언제일지 모른다. 결국 그는 자기 재산을 남에게 넘겨주고 죽어야 하리라."(집회서 11:18-19) 이러한 전 이해를 통해 초기 기독교의 산증인인 야고보는 자신의 시대와 모든 시대의 인간들에게 그들이 추구하는 생명의 "실존이 근본적으로 얼마나 불확실한 것인가를 일깨워주고 있다."[77] 야고보서 4장 14절에서 야고보는 불확실성의 시대를 사는 인간이 무엇을 위해 살아야 하는가에 대한 분명한 지침을 내리고 있다.

누가복음 12장 16-20절에 나타나는 한 어리석은 부자 이야기에서 예수는 "하나님은 이르시되 어리석은 자여 오늘 밤에 네 영혼을 도로 찾

76) Franz Muβner, *Der Jakobusbrief*, 프란츠 무스너/윤선아 역, 『야고보서』, 국제성서주석 44(서울: 한국신학연구소, 1987), 327.

77) Franz Muβner, *Der Jakobusbrief*, 326.

으리니 그러면 네 준비한 것이 누구의 것이 되겠느냐"(눅 12:20)는 말로 불확실함 속에 진정한 보장은 없다는 것을 분명히 한다. 이러한 교훈을 한 후 예수는 21절에서 "자기를 위하여 재물을 쌓아두고 하나님께 대하여 부요하지 못한 자가 이와 같으니라."는 말로 결론을 내린다. 예수는 산상보훈에서 보물을 하늘에 쌓아둘 것에 대하여 가르치면서(마 6:19-34; 참조. 눅 11:34-36, 12:22-34, 16:13) "내일 일을 위하여 염려하지 말라 내일 일은 내일이 염려할 것이요 한 날의 괴로움은 그 날로 족하니라."(마 6:34)라고 했다.

야고보서는 1장 2절에서 "내 형제들아 너희가 여러 가지 시험을 당하거든 온전히 기쁘게 여기라."고 했는데, 이 진술은 4장 14절을 이미 염두에 두고 있다. 여기서 말하는 시험이 세상적인 것인지 아니면 영적인 것인지에 대하여 분명하게 나타나지는 않지만 양자를 모두 포함한 것 같다. 야고보는 1장 2절에서 시험 당할 때 인내할 것에 대한 교훈을 통하여 "믿음은 시련의 과정을 통해 단련되어야 한다. 그것도 한 번에 그치는 것이 아니라 여러 번 되풀이 되어야 한다(ὅταν)."[78]는 사실을 말하고자 한다. 야고보서 1장 2절에 야고보가 말하는 시련이 무엇인지에 대해서는 구체적으로 나타나지 않으나, 14절에 가면 그 시련이 인간의 욕심에서 나온 것임을 알 수 있다. "믿는 자는 하나님과 사탄, 선과 악 사이의 투쟁 가운데 서 있으며 이 가운데서 스스로 결단해야 한다."[79] 시험을 당할 때 "믿는 자가 '기뻐해야' 하는 이유는 믿음을 시험하는 도구인 시련들을 극복함으로써 인내(ὑπομονή)를 얻게 된다는 데 있다. 인내는 단번에 생기는 것이 아니라 서서히 획득된다."[80]

"도가니의 불이 금과 은의 강도를 시험하듯이(참조. 시 11[12]:7; 집회

78) Franz Muβner, *Der Jakobusbrief*, 140.
79) Franz Muβner, *Der Jakobusbrief*, 141.
80) Franz Muβner, *Der Jakobusbrief*, 142.

2:5; 잠 27:21a) 시련들(πειρασμοί)은 믿음의 획득을 위해 똑같은 구실을 한다. 이 시련들을 통해 믿음의 순수성과 견고함이 시험되며 모든 의심과 흔들림으로부터 단련된다.([약 1:6-8]; 잠 17:3; 벧전 1:7) … 야고보에게 있어서 인내(ὑπομονή)는 마지막까지 견뎌냄을 뜻한다."[81] 1장 2절에서 "야고보는 믿음을 더 상세하게 설명하지는 않지만 믿음이 종말론적 긴장 가운데 있음을 그는 분명히 간파하고 있다."[82] 여기서 야고보가 '시련'(πειρασμός)과 '인내'를 연결시킨 것도 역시 초기 유대교의 전통과 일치한다. 희년서(Jubiläenbuch) 19장 8절에 보면 "이것이 아브라함에게 주어진 열 번째 시험이다. 이로써 그는 믿음이 크고 참을성이 있는 자로서 확인되었다."고 한다. 요셉의 유언(TestJos)에서도 시련 속에서의 인내가 가지는 가치를 다음과 같이 말한다. "열 번의 시험(πειρασμοῖς)을 통해 그는 나를 시험하였다. 그리고 이 모든 시련 가운데 나는 참을성을 보였다. 왜냐하면 참을성이야말로 큰 구원의 길이며 '인내'는 많은 좋은 것을 가져다주기 때문이다."(TestJos 2:7; 참조. PsSal 16:14-15; 마카비 4서 여러 곳) 이렇게 요셉의 유언(TestJos)은 시련 속에서의 인내의 가치를 '구원의 길'이라고까지 하면서 높이고 있다.

야고보서 1장 12절에 "시험을 참는 자는 복이 있나니 이는 시련을 견디어낸 자가 주께서 자기를 사랑하는 자들에게 약속하신 생명의 면류관을 얻을 것이기 때문이라."는 말에서도 보다시피 인내의 가치를 높이 평가하고 있다. 야고보서 1장 12절에 나타나는 인내에 따른 축복의 말에 "종말론적 조망(眺望)"이 나타나는데 이러한 모습은 특히 초기 유대교의 묵시문학에서 드러난다.[83] 그리고 헤르마스의 목자(참조. Herm 7,2,1; Abot 6:7)는 "율법은 위대하다. 그를 좇는 자에게 이 세상과 올

81) Franz Mußner, *Der Jakobusbrief*, 142.

82) Franz Mußner, *Der Jakobusbrief*, 142-143.

83) Franz Mußner, *Der Jakobusbrief*, 171을 참조하라.

세상에 생명을 부여하기 때문이다."라고 했다.

야고보서 1장 12절에서 "시험을 참는 자는 복이 있다."고 했는데, "시련을 견뎌낸 자가 왜 복이 있는 것인지가 ὅτι('왜냐하면')로 시작되는 문장을 통해 종말론적으로 설명되고 있다."[84] 12절에서 "구원의 부름인 '복이 있다'(μακάριος)는 말은, 생명의 면류관을 받으리라는 약속과 함께 바로 위에 11절 μαρανθήσεται('시들어 버린다')와 반대 개념을 담고 있다. 즉 시들어 없어짐과 영원한 존립이라는 두 개념이 그것이다."[85] "그 외에도 이 축복의 말은 그 형식과 내용으로 보아 전통을 따르고 있다."[86]

축복의 말을 시편 1편 1절에서 "… 하는 자는 복이 있도다"(μακάριος ἀνήρ ὅς … ; 참조. 34:8, 84:5, 94:12, 112:1; 사 52:2; 잠 8:34; 집회 14:1)에서 볼 수 있고, 예수의 축복의 선언에서도 찾을 수 있다. 산상보훈에 나오는 팔복에서 "심령이 가난한 자는 복이 있나니 천국이 그들의 것임이요"(마 5:3)란 구절과 "애통하는 자는 복이 있나니 그들이 위로를 받을 것임이요"(마 5:5) 그리고 "의를 위하여 박해를 받은 자는 복이 있나니 천국이 그들의 것임이라."(마 5:10)라는 구절에서 예수는 평범하고 일상적인 삶 속에서 겪는 경험보다도 더 처절하고 고통스런 상황을 배경으로 하는 인내를 전제하고 있다. "심령이 가난한 자"가 받는 복에서 심령이 가난하다는 것은 자기 있는 그대로를 다 표현하기보다는 마음 상하고 찢기는 아픔을 통하여 심히 낮아지고 겸허해진 마음의 상태를 볼 수 있다. 그들은 천국을 소유하는 복을 받는다. 마태복음 5장

84) Franz Mußner, *Der Jakobusbrief*, 171.

85) Franz Mußner, *Der Jakobusbrief*, 170.

86) Friedrich Hauck, Art. "μακάριος, μακαρίζω, μακαρισμός," *ThWNT* IV(1942), 365-373; E. Neuhäusler, *Anspruch und Antwort Gottes : zur Lehre von den Weisungen innerhalb der synoptischen Jesusverkündigung* (Düsseldorf : Patmos, 1962), 143-146을 참조하라.

5절에 애통이란 말을 통하여 마음의 고통으로 인하여 애통할 수밖에 없는 상황이 그려진다. 그 애통할 수밖에 없는 상황에서 도피하지 않고 그것을 받아들이는 것에서 진정한 애통의 복이 있다. 그것은 위로를 받는 복이다.

야고보서 1장 12절에 "생명의 면류관"에 대한 약속이 주어지는데 여기서 '생명'과 '면류관'이 연결된다. 시편 21편 3-4절에서도 "황금의 면류관"이 "영원한 장수"와 연결된다. 잠언 4장 7-9절에는 "지혜가 제일이니 지혜를 얻으라 … 그를[지혜를] 높이라 그리하면 그가 너를 높이 들리라 만일 그를 품으면 그가 너를 영화롭게 하리라 그가 아름다운 관을 네 머리에 두겠고 영화로운 면류관을 네게 주리라 하셨느니라."(참조. 슥 6:14; 집회 6:31)고 한다. 아보트(Abot)는 "율법은 위대하다. 그를 좇는 자에게 이 세상과 올 세상에 생명을 부여하기 때문이다. 이르기를, 그가 네 머리에 아름다운 관을 씌워주고 화려한 관을 너에게 선물할 것이다."(Abot 6:7)라고 하는데 이 진술은 잠언 4장 9절과 비슷하게 나타난다. 잠언에서는 지혜를 얻고 높일 것에 대하여 교훈하면서 그것에 대한 보상으로 "영화로운 면류관"이 주어진다. 아보트에서는 율법을 따를 것을 촉구하면서 "이 세상과 올 세상에 생명"을 줄 것에 대한 약속이 주어지고 "머리에 아름다운 관을 씌워주고 화려한 관"을 선물할 것을 약속한다.(참조. Abot 6:7) 지혜서 5장 16절에서도 "복된 자들은 아름다운 머리띠(διάδημα τοῦ κάλλους)를 받으리라."는 약속이 주어진다. 베드로는 "영광의 면류관"(τὸν … τῆς δόξης στέφανον, 벧전 5:4)에 대하여 말하고 요한계시록 2장 10절은 고난 속에서 충성할 것을 말하며 그 보상으로 '생명의 관'(ὁ στέφανος τῆς ζωῆς)에 대한 약속을 하고 있다.[87]

---

87) '생명의 관'(ὁ στέφανος τῆς ζωῆς)에 대하여는 요한계시록 3:11, 4:4, 10, 6:2, 9:7, 12:1, 14:14와 외경 이사야의 승천(Ascensio Isaiae) 9장 10-13절과

이상에서 살펴보았듯이 야고보서 1장 12절에서 시험에서 고난을 참고 인내함으로써 주어지는 하나님의 보상은 '생명'의 '면류관'이다. 요한계시록 2장 10절에서 주어지는 보상도 '생명'의 '면류관'[88](ὁ στέφανος τῆς ζωῆς)이다. '생명의 면류관'이나 '생명의 관'이란 말이 이 두 곳 야고보서 1장 12절과 요한계시록 2장 10절에만 나타난다. 이 ὁ στέφανος τῆς ζωῆς란 헬라어는 시련 속에서 인내하는 자에게 선물되는 '관'으로 '생명'에 그 본질을 두는 보상이다. 요한일서 2장 25절에는 "그가[아들이] 우리에게 약속하신 것은 이것이니 곧 영원한 생명이니라."라는 말이 나오는데 아들을 시인하는 자에게 '생명'의 약속을 하고 있다.

3) 베드로전서

베드로전서는 "격려와 요구를 긴밀하게 결합"시켜 그리스도인이 고난 속에서도 "종말론적인 영광과 세례를 생각"하도록 권한다.[89] 베드로전서에서 베드로는 세례의 목표를 '산 희망'(1:3)에 두고 있는데 '믿음'도 본질적으로 '희망'(참조. 벧전 1:21, 3:15)이다. 베드로전서 1장 3절에서 "우리 주 예수 그리스도의 아버지 하나님을 찬송하리로다. 그의 많으신 긍휼대로 예수 그리스도를 죽은 자 가운데서 부활하게 하심으로 말미암아 우리를 거듭나게 하사 산 소망이 있게 하시며"라고 했는데, 이 구절은 하나님의 활동으로 인간에게 '산 희망'을 산출했음을

Herm(s) 7,2,1을 참조하라.

88) 개역개정본에서 헬라어 ὁ στέφανος τῆς ζωῆς를 야고보서 1장 12절에는 '생명의 면류관'으로 요한계시록 2장 10절에서는 '생명의 관'으로 번역하나 헬라어 원어는 같은 뜻이다.

89) Wolfgang Schrage, *Die Briefe des Petrus und Judas*, W. 슈라게/번역실 역, 『베드로전후서, 유다서』, 국제성서주석 (서울: 한국신학연구소, 1987), 26.

나타낸다. 여기서 '희망'이 '산 희망'(ἐλπίδα ζῶσαν)인 것은 "이것 자체가 스스로 생명을 창출할 수 있다거나 매우 강렬하기 때문이 아니라, 이 희망이 '공허하고 미혹적인 희망들'(Sir 34:1)에 속하는 꿈과 동경과 환상들과는 달리 확고하게 보증된 것이기 때문이다."[90] 베드로에게서 '희망'은 "예수 그리스도를 죽은 자 가운데서 부활하게 하심"에 의하여 보증된다는 점에서 그리스도인의 희망은 그리스도의 부활에 그 근거가 있음을 볼 수 있다. 그런데 베드로전서 1장 3절에 그리스도의 부활은 하나님의 풍성한 긍휼에 따라 이루어진 것으로 나온다. 이러한 구조에서 보면 인간에게 주어진 산 희망의 근거는 하나님의 긍휼과 예수 그리스도의 부활이란 이중 구조로 이해된다.

디도서 3장 5절에서는 하나님의 긍휼이 거듭남과 성령의 새롭게 하심의 원인으로 나타나고 베드로전서 1장 3절에서는 하나님의 긍휼이 산 희망의 근거로 주어진다. 이러한 비교를 통하여 베드로는 산 희망에 대한 이해의 폭을 더 영적이고 지적인 방향으로 돌리게 한다. 디도서에서 말하는 하나님의 긍휼에 의해 성령의 새롭게 하심이 이루어진다는 것을 생각해 볼 때 베드로전서 1장 3절에서 말하는 산 희망은 물질적이고 시간적인 의미 세계를 벗어난 것임을 생각해볼 수 있다. 그런데 그 산 희망이 무엇인지는 베드로전서 1장 4절에서 볼 수 있다. "썩지 않고 더럽지 않고 쇠하지 아니하는 유업을 잇게 하시나니 곧 너희를 위하여 하늘에 간직하신 것이라.(벧전 1:4) 베드로전서 1장 3절에서 말한 산 희망은 "썩지 않고 더럽지 않고 쇠하지 아니하는 유업을 잇는 것"이다. 그 유업은 베드로전서 1:5에서 "구원을 얻기 위하여"란 구절을 통하여 하나님이 주는 '새 희망'은 "생명 없는 철학적 교리나 … 축복에 주저하는 기대와는 대조적으로 의심 없이 활발하고, 확고하며 생생

---

90) Wolfgang Schrage, *Die Briefe des Petrus und Judas*, 33.

한 희망을 제시한다."[91] 이것은 새 생명 그 자체를 지시한다.[92] 이러한 베아레(F. W. Beare)의 주장이 맞는다면 베드로가 말하는 산 소망은 새 생명의 삶을 목표로 하는 바울의 사상과 밀접하게 연결될 뿐만 아니라, 그리스도론적인 해석을 내리는 요한과도 밀접한 관련을 볼 수 있다.

바울은 로마서 12장 1절에서 "너희 몸을 하나님이 기뻐하시는 거룩한 산 제물로 드리라 이는 너희가 드릴 영적 예배니라."라고 했는데, 12장 2절의 "마음을 새롭게 함으로 변화를 받아"란 말을 통하여 볼 때 "하나님이 기뻐하시는 거룩한 산 제물"은 다른 데 있는 것이 아니라 "마음을 새롭게 함으로 변화를 받아 하나님의 선하시고 기뻐하시고 온전하신 뜻이 무엇인지 분별"하는 데 있다. 이러한 바울의 논지와 마찬가지로 베드로는 '산 희망'은 새로운 본질로서 사는 그리스도인이 "썩지 않고 더럽지 않고 쇠하지 아니하는 유업"을 잇는 삶, 즉 그리스도 안에서 생명을 가진 자로 새 생명을 이루는 데 있다는 것을 가리킨다.

베드로전서 1장 3절에서 그리스도의 부활의 동력이 하나님으로부터 기원됨을 밝힌 베드로는 그리스도의 부활이 그리스도인의 거듭남과 산 희망의 원천임을 밝힌다. 여기서 말하는 그리스도의 부활은 공관복음과 바울 서신에 나타나는 그리스도의 부활 사상과 연결선상에 있는데 이 부활을 거듭남과 연결시킨다는 점에서 다른 신약성경 저자들과는 다르다. 신학적 의미상으로 부활은 거듭남과 깊이 관련되지만 그 직접적인 표현은 베드로전서 1장 3절 이외에 어느 곳에서도 볼 수 없다. 유독 베드로전서 1장 3절이 부활과 거듭남을 연결지어 말하는 것은 베드로가 그리스도의 부활 사상이 신약성경 시대에 차지한 위치를 충분히 고려하여 그러한 연결을 이루었다고 본다. 베드로전서 1장 3절이 이러한

91) Francis W. Beare, *The first epistle of Peter,* F. W. 베아레/한의신 역, 『베드로전서 연구』(서울: 대한기독교출판사, 1986), 63.

92) Francis W. Beare, *The first epistle of Peter,* 63을 참조하라.

연결점을 제공한다는 점에서 이 구절은 공관복음에 나타나는 예수 전승과 바울의 부활 보도를 신학적으로 가장 완벽하게 재현하는 구절 중의 하나라고 생각된다.

거듭남은 성경 전체를 조망하는 핵심적인 구원 사상이다. 요한복음 3장 1-15절에서 거듭남이 "겐네테나이 아노텐"(γεννηθῆναι ἄνωθεν) 이란 말로 나타나는데 이 말은 '위로부터의 탄생' 또는 '새로운 탄생' 으로 이해된다.[93] 새로운 탄생의 의미에서 거듭남은 인간의 어떤 질적이고 도덕적인 변화나 양적인 변화를 의미하기보다는 예수 그리스도를 통하여 결정적으로 일어난 근본적인 변화를 의미한다. 이러한 근본적인 변화를 바울은 고린도후서 5장 17절에서 "그리스도 안에 있는 새로운 피조물"로 정의한다.[94] 요한은 거듭남을 물과 성령으로 일어난 하나님의 구원 사건으로 말한다.(요 3:5; 참조. 3:3; 딛 3:5)

베드로전서 1장 23절에서는 거듭남이 "썩어질 씨로 된 것이 아니요 썩지 아니할 씨로 된 것이니 살아 있고 항상 있는 하나님의 말씀으로 되었느니라."고 말한다. 이 구절에서 거듭남이 "하나님의 말씀으로"(διὰ λόγου ζῶντος θεοῦ) 이루어짐을 밝힘으로 거듭남이 가지는 역사성을 말한다.[95] 사람의 거듭남은 성령의 역사 안에서 일어난 하나님의 구원 사건이고 이 성령 사건은 '살아 있는 희망' 을 인간 속에 산출한다. 성령은 살리는 영으로서 성령에 의해 일어나는 구원 사건은 인간을 생명으로 인도한다. 베드로전서 1장 3절에서 '희망' 은 그리스도의 부활 사건에 근거하고 있으며 살아 계신 그리스도를 염두에 두고 있는 희망으

93) 거듭남의 개념 정의에 대해서는 배재욱, 『초기 유대교와 신약성경의 중생』, 28-29를 참조하라.

94) 이것에 대해서는 배재욱, "새로운 피조물과 새로운 생명", in: 「목회와 신학」 편집부, 『고린도후서 어떻게 설교할 것인가』, HOW 주석 41 (서울: 두란노아카데미, 2007), 97-106을 참조하라.

95) 배재욱, 『초기 유대교와 신약성경의 중생』, 178을 참조하라.

로, 인간의 생명을 살리는 희망이다. 베드로전서 1장 23절은 거듭남을 하나님의 말씀과 관련짓고 있다. "너희가 거듭난 것은 썩어질 씨로 된 것이 아니요 썩지 아니할 씨로 된 것이니 살아 있고 항상 있는 하나님의 말씀으로 되었느니라." 그런데 이 말씀은 "살아 있고 항상 있는 하나님의 말씀"(λόγος ζῶντος θεοῦ καὶ μένοντος)이란 말을 통해 '살다'(ζάω)란 동사의 현재 능동태 분사의 수식을 받는 것을 알 수 있다. 이 '살다'란 동사는 '생명'(ζωή)의 동사형으로 신약성경에서 자연적인 생명과도 관련되지만(참조. 마 4:4; 눅 24:5; 롬 7:1, 2, 3; 고전 15:45; 빌 1:22), "살아 계신 하나님께"(κατὰ τοῦ θεοῦ τοῦ ζῶντος, 마 26:63) "살아 계신 하나님에게서"(ἀπὸ θεοῦ ζῶντος, 히 3:12), "내가 살았노니"(ζῶ ἐγώ, 롬 14:11)와 같은 표현에서는 하나님의 생명을 나타낸다. 뿐만 아니라, '살다'란 동사가 다음과 같이 하나님의 자녀의 생명을 나타내기도 한다. "살 것이다"(ζήσῃ, 눅 10:28), "듣는 사람은 살 것이다"(οἱ ἀκούσαντες ζήσουσιν, 요 5:25), "의인은 믿음으로 살 것이다"(ὁ δίκαιος ἐκ πίστεως ζήσεται, 롬 1:17), "하나님의 능력으로 그와 함께 살아나서"(ζήσομεν σὺν αὐτῷ ἐκ δυνάμεως θεοῦ, 고후 13:4), "나를 대신하여 자기 몸을 내주신 하나님의 아들을 믿는 믿음 안에서 사는 것입니다"(ἐν πίστει ζῶ τῇ τοῦ υἱοῦ τοῦ θεοῦ τοῦ ἀγαπήσαντός με καὶ παραδόντος ἑαυτὸν ὑπὲρ ἐμοῦ, 갈 2:20), "그리스도와 함께 살게 하시려고"(ἵνα … ἅμα σὺν αὐτῷ ζήσωμεν, 살전 5:10)와 같은 범례들을 통하여 '살다'란 동사가 베드로전서 1장 23절에 "살아 있고 항상 있는 하나님의 말씀으로"라는 문맥 속에서 단순히 육체적인 삶을 영위하도록 하기 위한 의도가 아니라, 하나님의 본질적인 생명을 표현하는 말로 사용되었다. 그러므로 베드로전서 1장 23절에서 "너희가 거듭난 것은 썩어질 씨로 된 것이 아니요 썩지 아니할 씨로 된 것이니 살아 있고 항상 있는 하나님의 말씀으로 되었느니라."

는 말을 통하여 그리스도인의 생명은 "살아 있고 항상 있는 하나님의 말씀"(λόγος ζῶντος θεοῦ καὶ μένοντος)으로 인하여 이루어진 생명임을 알 수 있다. 히브리서 4장 12절에서 하나님의 말씀은 "살았고 운동력이 있다."고 했다. 그리스도인의 생명은 살아 있는 하나님의 말씀을 통하여 주어진 새로운 생명이다. 그리스도인이 누리는 이 새 생명은 불멸의 것이다.

베드로전서 2장 4절에서 예수를 "보배로운 산 돌"로 지칭한 후 베드로전서 2장 5절에서 신자들에게 "산 돌 같이 신령한 집으로 세워지도록"(ὡς λίθοι ζῶντες οἰκοδομεῖσθε οἶκος πνευματικὸς) 요구한다.(벧전 2:5) 이러한 요구는 갈라디아서 6장 17절에 "내 몸에 예수의 흔적을 가졌노라."라는 바울의 고백처럼 신자는 예수와 분리될 수 없는 운명적인 연결을 유지해야 함을 나타낸다. 베드로전서 2장 5절에서 "산 돌 같이 신령한 집으로 세워지라."는 요구가 히브리서 12장 2절에서는 "믿음의 주요 또 온전케 하시는 이인 예수를 바라보자."(ἀφορῶντες εἰς τὸν τῆς πίστεως ἀρχηγὸν καὶ τελειωτὴν Ἰησοῦν)라는 권고로 나타난다.

만일 미래적인 생명관이 그리스도 사건으로 인하여 지금 여기에 나타난다면 생명은 희망의 대상으로만 존재하는 것이 아니라, 구체적이고 명백하게 우리 가까이 있고 우리가 이미 소유한 것이다. 그렇지만 이 생명은 여전히 미래적이고, 우리가 가진 생명은 여전히 불완전하고 완성을 향한 도상에 있다. 베드로전서 1장 3절에서 "우리 주 예수 그리스도의 아버지 하나님을 찬송하리로다 그의 많으신 긍휼대로 예수 그리스도를 죽은 자 가운데서 부활하게 하심으로 말미암아 우리를 거듭나게 하사 산 소망이 있게 하시며"라고 말하는 것처럼 그리스도인이 가진 희망은 산 희망이다. 이 산 희망으로 이미 그리스도 안에서 소유한 생명을 지키고 보존하고 가꾸어가야 한다. 산 희망이란 확실하고 살아 있는 희망이란 의미이다.

요한계시록에서도 생명이 미래적인 모양으로 나타난다. 요한계시록 2장 7, 10절에 미래적인 생명 사상이 나타나는데 이 생명은 미래를 향해 열려 있는 확실한 희망으로 나타난다. 골로새서 3장 3-4절에서 생명은 이미 나타난 것이지만 "그리스도와 함께 하나님 안에 감추어져 있다."(골 3:3-4) 이 생명은 아직 다 드러나진 않았지만 "생명이신 그리스도께서 나타나실 그 때에 너희도 그와 함께 영광 중에 나타나리라." (골 3:4)라는 표현처럼 미래적인 완성을 희망으로 남겨두고 있다.

6. 요한계시록에 나타난 생명 사상

요한계시록에서 그리스도론이 여러 가지 상징 언어를 통해 묘사되는데,[96] 여기에서의 생명 사상은 이러한 상징 언어를 통해 이해할 수 있다. 그중에서 그리스도론이 '인자'와 '어린 양'(ἀρνίον)[97]이란 상징 언어를 통해 더욱 풍부한 모습을 가지게 된다. 요한계시록에서 그리스도론은 요한복음의 그리스도론과 같이 신적인 모습을 띠고 있다.[98]

요한계시록에서 '인자 사상'은 그리스도론을 더욱 분명하게 나타낸다. 인자에 대한 묘사가 요한계시록에서 두 번 나타난다.(계 1:13, 14:14) '인자'(υἱὸς τοῦ ἀνθρώπου)란 말이 언급되는 1장 13절과 같은

96) 배재욱, "요한계시록에 나타난 상징 언어 '어린 양'에 대한 선교신학적인 고찰", 「선교와 신학」 제13집 (2004), 171-196, 특히 173을 참조하라.

97) 헬라어 "ἀρνίον"(어린양)이란 상징어가 신약성경에서 30번 나오는데 요한복음 21장 17절에 한 번 나오고 요한계시록에 29번 나타난다. 김춘기, "예수의 啓示事件으로 본 요한복음 21章" (대구: 啓明大學校 박사학위 논문, 2002), 199를 보라.

98) 김춘기, "신약성서에 나타난 여러 형태의 신앙관에 대한 연구", 222를 보라.

단락으로 연결되는 1장 18절에 보면 인자는 "세세토록 살아 있다." 이 단락에 나타나는 '인자'는 다니엘 7장 13절에 근거된 그리스도론적인 묘사이다.[99] 요한계시록에서 '인자'(υἱὸς τοῦ ἀνθρώπου)는 메시야적인 진술이다. 이러한 표현을 통하여 요한은 인자가 "세세토록 살아 있어 사망과 음부의 열쇠"(계 1:18)를 가지고 있다는 표현을 통하여 그리스도를 '생명의 주관자'와 '생명의 근원'으로 제시한다.

요한계시록 7장 17절에서 요한은 "보좌 가운데에 계신 어린 양이 그들의 목자가 되사 생명수 샘으로 인도하시고 하나님께서 그들의 눈에서 모든 눈물을 씻어 주실 것임이라."[100]는 언급을 통하여 어린 양을 생명수 샘으로 인도하는 주체로 말한다. 요한계시록 21장 5-8절에서 생명수 샘물을 거저 마시게 하는 이는 하나님(계 21:6)인 것에 반하여, 요한계시록 7장 17절에서의 묘사는 어린 양이 생명수 샘으로 인도하는 주체로 나타난다.[101] 이렇게 하나님에서 그리스도로 생명의 주체가 전이됨을 볼 수 있다. 이러한 전이를 통해 요한은 생명 사상을 그리스도론적인 진술로 표현한다.

요한계시록에서 어린 양은 하나님의 분명한 현존(現存)을 나타낸다. 하나님과 어린 양은 생명이 흘러넘치게 하는 원천이다.[102] "죽임 당한 어린 양은 하나님과 같이 전능한 하늘 보좌에 앉아서" 모든 악의 세력으로부터 궁극적인 승리를 이룸으로 '구원'을 이루어 그리스도 안에서

---

99) C. Colpe, Art. "ὁ υἱὸς τοῦ ἀνθρώπου," *ThWNT* VIII (1969), 403-481을 참조하라.

100) Wilfrid J. Harrington, *Revelation* (Collegeville: Liturgical Press, 1993), 23을 참조하라.

101) 요한계시록에서 어린양 상징 언어를 통하여 그리스도의 승리를 회화적으로 묘사한다. 배재욱, "요한계시록에 나타난 상징 언어 '어린 양'에 대한 선교신학적인 고찰", 191을 보라.

102) 안병철, 『요한묵시록 2: 14장 6절-22장 21절』, 가톨릭신학총서 32 (서울: 가톨릭대학교출판부, 2001), 286을 참조하라.

사는 자들에게 생명의 기쁨을 가지고 살도록 인도한다.[103] 이렇게 요한 계시록의 생명 사상은 한편으로 그리스도론과의 연결이 집중되고 다른 한편으로는 종말론적(終末論的)이다. 이제 신약성경 생명 사상의 특징을 살펴보고자 한다.

---

103) 김춘기, "신약성서에 나타난 여러 형태의 신앙관에 대한 연구", 225-226.

제6장 신약성경의 생명 사상의 특징

생명

1. 구약성경과 초기 유대교의 생명 사상과 신약성경의 생명 사상과의 연속성과 불연속성

신약성경에서 생명 사상은 구약성경-유대교 생명 사상에 바탕을 두고 있다. 신약성경에서 생명 사상은 믿음(요 3:15-16, 5:24, 20:31), 하나님의 나라(요 3:3, 5), 예수 그리스도(요 1:25, 14:6; 계 1:18), 말씀(요 6:63), 종말론적인 축복(마 7:14; 막 9:43, 45) 등의 사상과 연관되어 있다.

구약성경에서 '생명'은 한 개인이나 집단의 모든 활동과 경험을 통틀어서 일컫는 말로 나타난다. 구약성경에서 하나님은 생명의 주관자로서(시 16:11; 행 3:15) 사람과 계약을 맺고, 사람이 그의 말씀에 순종하고 있는가에 따라 생명을 계속 보존할 것인가 말 것인가에 대한 전권을 가진다.(출 32:32)[1] 시편 116편 8절에서 시인은 죽음과도 같은 고통으로부터 자유함에 대한 표현을 죽음으로부터의 구원으로 묘사한다.[2]

---

1) G. Quell, Art. "διαθήκη," 106-127; J. Behm, Art. "διαθήκη," 127-137을 참조하라.

2) Ch. Barth, *Die Errettung vom Tode*, 11을 보라.

구약성경에서 생명을 표현하는 세 가지 용어, 즉 '루아흐'(רוּחַ), '네페쉬'(נֶפֶשׁ), '하이이임'(חַיִּים)이 중요하다.[3] 여기서 '루아흐'는 구약성경에서 생명의 자발성, '네페쉬'와 '하이이임'은 '생명의 원리', '생명력'과 관련된다.[4] 구약성경에서 생명을 뜻하는 의미로 빈번하게 사용되는 '네페쉬'를 초기 팔레스틴 유대교에서 받아들여 사용하고, 헬레니즘 유대교에서는 헬라어권에서 통상적으로 사용하는 '푸쉬케'(ψυχή)를 통해 생명 개념을 나타낸다.[5] 구약성경에서 '담'(피, דָּם)은 '네페쉬'의 거처이다. 이 네페쉬는 부분이 아니라 인간의 '본질적인 요소'로서 전인(全人)적인 형상에 관계된다.[6] 생명의 주인이고 생명의 주체자인 하나님(삿 8:19)은 '살아 계신 하나님'이시다.(신 5:26) 생명의 창조자인 여호와는 호흡의 창조자인 동시에 생명을 가진 모든 피조물의 보호자이다.[7]

구약성경이 말하는 생명 사상에 따르면 여호와가 생명의 창조자이고 생명의 주인이므로 단지 여호와만 사람의 생명을 보증할 수 있고 생명은 전적으로 그의 손에 달려 있다.[8] 이러한 생명에 대한 표상 속에 생명의 힘이 긍정적으로 나타난다.[9] 하나님은 생명의 하나님이고 인간과 모든 생명체의 생명을 주관한다.(신 32:39; 시 36:9)

구약성경에서 생명은 신적인 것으로 물질적 존재를 초월해 있다.[10]

---

3) F. Mußner, *ΖΩΗ*, 1을 참조하라.

4) BAE, Jae Woog, *Wiedergeburt im Johannesevangelium*, 200을 참조하라.

5) W. Eichrodt, *Theologie des Alten Testaments*, Bd. II-III, 87.

6) 배재욱, "요한복음이 말하는 영원한 생명에 대한 소고", 202.

7) Hans Walter Wolff, *Anthropologie des alten testaments*, 118을 보라.

8) G. Bertram, "ζάω, ζωή (βιόω, βίος)," 853-856을 참조하라.

9) Ch. Barth, *Die Errettung vom Tode*, 19를 보라.

10) Otto Kaiser · Eduard Lohse, *Tod und Leben*, 48에 따르면 구약성경의 저자들은 "단지 인간만이 영혼의 호흡을 함으로써 신적인 삶의 원리를 소유하고 있다."고 생각한다(참조. 시 30:3, 104:29-30).

인간은 여호와가 불어넣어 준 호흡 때문에 존재한다.(창 2:7; 시 104:29, 146:4; 사 42:5; 참조. 행 17:25) 그러므로 생명의 주인인 하나님과 올바른 관계 속에 있을 때 인간은 생명을 가진 자로서 가치 있는 인생을 살아가게 된다. 사람은 이 생명을 하나님과 올바른 관계 속에서 은총과 축복 가운데 누려야 한다.[11] 하나님과 바른 관계 속에 있을 때만이 인간은 생명의 참 가치를 깨달을 수 있다.(시 16:9-11, 49:15, 73:24)

구약성경의 생명 이해는 생명이 하나님과 관련된다는 본질적인 이해와 아울러 온전한 삶과도 관련된다고 본다.[12] 구약성경에서는 '참 삶'(시 91:16)과 '지혜'(잠 4:10)와 '인생의 경험'(전 11:7-8)이 중요한 행복의 원천을 이룬다.[13] 구약성경이 말하는 생명 사상의 배경 위에서 초기 유대교 생명 사상의 기원을 찾을 수 있다.

구약성경과 초기 유대교의 생명 사상은 신약성경의 생명 사상에 영향을 미친 것으로 보인다.[14] 초기 헬레니즘 유대교에 나타난 '생명의 성령'(πνεῦμα ζωῆς; JosAs 19:10-20:1)[15]이란 표현이 비슷한 시기에 신약성경에도 나타난다.[16] "그리스도 예수 안에 있는 '생명의 성령'의 법이 죄와 사망의 법에서 너를 해방하였음이라."(롬 8:2)

---

11) H. -J. Kraus, *Theologie der Psalmen*, BK XV/3, 125. "생명을 보존하고 유지시키는 능력으로서의 '축복'은 사람이 '소유'할 수 있는 성질의 그 어떤 것이 아니고 언제나 받아야만 하고 또한 새롭게 구해야 하는 그러한 것이다."

12) Hans Walter Wolff, *Anthropologie des alten testaments*, 118ff.; Otto Kaiser · Eduard Lohse, *Tod und Leben*, 48ff.를 참조하라.

13) "생명의 길은 총명한 자를 위로 인도하여, 아래에 있는 죽은 자들의 세계로부터 벗어나게 한다."(잠 15:24)는 구절도 생명이 온전한 삶과 관련됨을 나타낸다. 이 번역은 Hans Walter Wolff, *Anthropologie des alten testaments,* 372를 따랐다.

14) Ekkehard Starke, Art. "Leben," *EKL* 3 (1992), 44-47, 45를 참조하라.

15) BAE, Jae Woog, *Wiedergeburt im Johannesevangelium*, 77을 참조하라.

16) 배재욱, "초기 유대교 문헌에 나타난 생명과 그 특징", 23과 비교하라.

쿰란-에세네 공동체는 토라와 '생명의 물의 원천'을 동일시한다.(CD 19:33-35)[17] 그런데 신약성경에서도 이와 비슷한 모습의 표현이 나타난다.(요 6:63) 요한복음에서 말씀 안에 생명(요 1:4)이 있었다는 표현을 통해 말씀과 생명을 동일시하고 있다. 요한은 말씀이란 상징어를 통하여 그리스도론적인 진술을 하고 있다. 그리고 그리스도론적인 바탕위에서 말씀이 가지는 생명력을 제시한다. 이 생명에 대한 표현이 요한복음 6장 65절에서 더욱 구체적으로 그리스도론적인 연관성이 뚜렷하게 나타난다. 예수는 자신이 선포한 말씀에 대하여 '영과 생명'(요 6:63)이라는 말로 그 의미를 부여한다. 이러한 생명에 대한 표현은 신약성경의 생명 사상이 기본적으로 구약성경-초기 유대교적인 생명 사상과 깊이 관련되어 있음을 암시한다.[18] 신약성경에서 자연적인 생명을 조에(ζωή)라고 표현하는 것은 구약성경의 표현(LXX역의 헬라어 역본)을 따른 것으로 보인다.[19]

구약성경(신 5:26; 수 3:10; 삼상 17:26; 왕하 19:4)처럼 신약성경도 하나님을 살아 계신 분으로 표현한다.(마 16:16, 26:63; 요 6:68-69; 행 14:15; 롬 9:26) 구약성경에서 하나님은 '생명을 가진 분'(신 32:40; 삿 8:19; 룻 3:13; 삼상 14:39; 19:6; 렘 5:2 등)으로 묘사되는데 이러한 구약성경의 묘사를 신약성경도 그대로 이어받고 있다.(요 5:26; 계 4:9-10, 10:6, 15:7)

신약성경의 생명 사상은 기본적으로는 구약성경 사상과 일치한다. 그렇다고 신약성경의 생명 사상이 구약성경-초기 유대교적인 생명 사상

17) 배재욱, "초기 유대교 문헌에 나타난 생명과 그 특징", 24를 참조하라.

18) 배재욱, "초기 유대교 문헌에 나타난 생명과 그 특징", 24를 참조하라.

19) Werner Forster, Art. "κτίζω, κτίσις, κτίσμα, κτίστης," *ThWNT* III (1950), 999-1034; P. Stuhlmacher, "Erwägungen zum ontologischen Charakter der καινὴ κτίσις bei Paulus," *EvTh* 27 (1967), 1-35; 배재욱, "초기 유대교 문헌에 나타난 생명과 그 특징", 24를 참조하라.

과 모든 면에서 일치하는 것은 아니다. 때때로 신약성경의 생명 사상은 구약성경에 나타나는 생명과 다른 형상(形象)을 보인다. 구약성경의 생명 사상은 현실적인 삶과 깊이 관련(욥 5:26; 시 91:16; 잠 3:2, 16, 22, 4:10, 22, 8:35, 9:11, 10:27, 15:24; 전 11:7-8)되어 현실 삶에서의 생명이 중요한 행복의 원천을 이룬다. 이러한 구약성경의 생명 사상과 다른 모습이 신약성경에 나타난다. 신약성경은 '생명' 혹은 '살다' 란 말이 형식의 '삶' 보다는 '참된 삶' (생명)을 가리킨다.(마 7:14, 18:8-9; 막 9:43, 45; 눅 10:28; 롬 1:17, 8:13; 살전 5:10; 히 12:9; 벧전 3:7; 벧후 1:3 등)

'영원한 생명' 을 지상적인 생명의 무한한 연장으로 인식한 초기 유대교의 생명 사상[20]과는 다르게 신약성경에 나타난 영원한 생명은 시간적인 연장이나 시간의 개념이 함유된 개념이 아닌 절대적인 개념에서의 생명이다. 구약성경의 생명 사상과는 다르게 신약성경의 생명 사상은 그리스도론적인 관심과 연결되어 있다.(요 6:63) 이제 신약성경의 생명 사상의 그리스도론적인 인식에 대하여 살펴보자.

2. 생명 사상에 대한 그리스도론적인 인식의 전제(前提)

신약성경 저자들은 생명 사상을 전개하는 과정에서 구약성경적-초기 유대교적 전승을 따르고 있다. 이러한 전승은 신약성경 저자들의 사상적인 배경을 파악할 수 있는 길이다. 그러나 신약성경 저자들의 생명 사상이 구약성경이나 초기 유대교의 생명 사상을 답습하는 것으로 그친 것이 아니라, 구약성경과 초기 유대교 배경 위에서 그리스도론적으로 해석하고 있다는 데서 신약성경 생명 사상의 독특성을 찾을 수 있다.

20) C. H. Dodd, *The Interpretation*, 144.

구약성경에서는 하나님이 생명의 원천으로 나타나는데 신약성경 저자들은 그리스도와 생명의 관련을 통하여 무엇을 말하고자 하는가? 그리스도론적인 생명 사상의 전이를 통한 이러한 생명 사상의 발전은 초기 교회가 제기한 예수가 누군가라는 문제에서 시작되고 이러한 문제 제기는 그리스도론의 성립과 발전을 이루게 되었다. 요한복음 6장 63절에 나타나는 "살리는 것은 영이니 육은 무익하니라 내가 너희에게 이른 말은 영이요 생명이라."는 표현은 신약성경 생명 사상의 그리스도론적인 전제(前提)를 나타낸다. 그리스도를 생명과 연결하는 이러한 표현은 구약성경이 하나님을 '생명의 원천'(시 36:9)으로 제시하는 표현과 일맥상통한다. 이러한 생명에 대한 그리스도론적인 인식은 신약성경의 생명 사상이 구약성경적-초기 유대교적인 배경에서 생명의 원천을 하나님으로 생각하는 생명 사상과의 깊은 관련을 나타낸다. 신약성경은 구약성경에서 하나님을 생명의 원천(시 36:9)으로 인식하듯이 예수 그리스도를 생명의 원천으로 인식한다. 이러한 그리스도론적인 인식은 그리스도를 신성(神性)의 담지자로 고백하는 신약성경 저자들의 사상과 일치한다.

바울에게서 그리스도는 인간 구원의 시작점이다.[21] 그러므로 그리스도 이해에서 바울의 생명 사상 이해가 출발한다. 바울에 의하면 예수는 부활을 통해 '생명의 주인'이 되었다.(롬 5:15-17; 고전 15:20-23) 고린도전서 15장 20-22절에서 생명은 그리스도 안에 있다는 것이 드러난다.[22] "그리스도 안에서 모든 사람이 삶을 얻으리라."(고전 15:22) 골로새서 3:4에서 바울은 생명의 본질이 그리스도 안에서 의미를 가진다는 것을 '그리스도'(Χριστός)는 생명(ζωή)이란 말을 통해 분명히 하고 있

21) 배재욱, "바울의 생명 사상 III", 192를 참조하라.

22) James D. G. Dunn, *Romans 9-16*, WBC 38A (Dallas, TX: Word Books, 1988), 282-283.

다."[23] 로마서 8장 2절은 "그리스도 안에 있는 생명의 성령"에 대하여 말한다. 바울은 '생명의 성령' 이란 표현을 통해 성령을 "새로운 창조의 원동력"으로 나타낸다.[24] 그러므로 "성령 안에서 생명의 길"을 찾아야 한다.[25] 생명의 성령이 그리스도 안에서 죄와 죽음으로부터 자유를 가져왔다.(롬 8:21)[26] 그러므로 그리스도 안에 있는 자는 생명을 가진 자로서 책임을 감당해야 한다.(참조. 롬 6:1)[27] 그래서 그리스도인의 자유는 "매일 연속적인 삶의 현실 속에서 죽는 것을 통해 표현되고 있다."[28] 바울에게서 죽는다는 것은 로마서 6장 4절에서 "새 생명 가운데서 행하게 하려 함이라."는 말을 통해 유추할 때 생명을 가진 자로서 책임 있는 존재로 살 것에 대한 윤리적인 진술로 보인다.[29] 이러한 이유로 "그리스도인은 자신의 삶의 현장에서 책임 있는 존재로 이웃을 섬길 때 생명의 즐거움을 만들어 갈 수 있다."[30] 그리스도인의 생명은 하나님을 위해 사는 생명(롬 6:10)[31]이고 "완전히 다른 존재 방식"의 생명이기 때문이다.[32] 그러므로 그리스도인은 이제 '죄의 종' 이 아니라, '하나님의 종' 으로 거룩한 자답게 사는 것이다. 즉 "실생활에서 거룩한 열매"를 맺어야 한다.[33] 이 "신앙의 열매는 의로운 모습을 띠게 된다. 여기

23) 배재욱, "바울의 생명 사상 III", 192.
24) 배재욱, "바울의 생명 사상 III", 193.
25) 배재욱, "바울의 생명 사상 III", 193.
26) 로마서 8:21에서 바울의 그리스도론적인 관찰이 창조와 관련되어 나타난다. James D. G. Dunn, *Romans* 9-16, 471-472를 참조하라.
27) James D. G. Dunn, *Romans* 9-16, 306-333을 참조하라.
28) 배재욱, "바울의 생명 사상 III", 194.
29) James D. G. Dunn, *Romans* 9-16, 313-316을 보라.
30) 배재욱, "바울의 생명 사상 III", 195.
31) James D. G. Dunn, *Romans* 9-16, 332-333을 보라.
32) 배재욱, "바울의 생명 사상 V: 세례와 새 생명의 삶", 「기독교사상」 582 (2007년 6월호), 172-179, 176.
33) 배재욱, "바울의 생명 사상 V", 178-179.

서 의롭게 된다는 것은 자신의 삶 속에 점점 더 많이 하나님의 분량을 만들어 감으로 거룩한 하나님의 백성의 모습을 만드는 데 있다."[34]

로마서 7장은 율법과 죄와 사망 사이에서 고뇌하고 고통을 겪는 생명의 현장이 어떠한가를 밝힌다. 로마서 7장 7-25절에 인간 생명이 얼마나 무력한가를 절감하고 절규하는 한 인간의 모습이 나타난다. 바울은 로마서 7장에서 고뇌하고 무기력한 모습 속에서 새로운 희망을 갈구하는 모습으로 인간 생명의 상을 그린다. 율법 아래서는 아무도 자유할 수 없다는 것을 아담적 인간을 통해 묘사한다.[35] 이런 "아담적 인간과 그리스도 안에 있는 신자 사이에 모종의 연속성"이 존재한다.[36] 이러한 연속성을 통해 그리스도인도 "아담의 운명을 공유하고 있다."는 사실을 인지하게 된다.[37] 그래서 율법 아래서 '아담적'[38]인 절망과 싸우고, 투쟁 속에서 찢겨지고, 불완전한 자아를 받아들이고 그리스도 안에서 이루어진 하나님의 구원 완성을 위한 길을 찾고자 하는 인간의 마음은 여전히 불완전하다. 그렇지만 이렇게 고투하는 인간의 모습은 새로운 생명을 찾는 행위이다.

로마서 7장에 나타난 인간의 모습은 "선과 악의 충동 사이에 찢겨진 채로 고투하는 아담적 실존 상황이 성령을 좇아 사는 데 실패하는 신자들의 삶에서도 부분적으로 경험될 수 있다는 것을 암시하는 것이 분명하다."[39] 로마서 7장을 통하여 나타난 절망 속에서 투쟁하는 인간의 모습은 인간 생명의 연약성을 시사한다. 자신의 연약성을 통해 인간이

---

34) 배재욱, "바울의 생명 사상 V", 178-179.

35) 이한수, 『로마서 1: Romans 1-8장 주석』(서울: 이레서원, 2002), 605를 비교하라.

36) 이한수, 『로마서 1』, 605-606.

37) 이한수, 『로마서 1』, 605-606.

38) 이한수, 『로마서 1』, 606.

39) 이한수, 『로마서 1』, 606.

"구원을 창조하는 하나님의 능력"[40]을 체득(體得)하게 된다면 하나님의 구원 계획의 신비를 이해하게 될 것이다. 이러한 로마서 7장의 절망하고 고뇌하는 인간상은 8장에서 성령 안에 사는 인간 생명의 위대함과 대조를 이루고 있다.

이와 같이 바울의 생명 사상은 다분히 그리스도론적인 전제 속에서 나타난다. 그리스도는 생명의 주인이다. 그리스도인은 생명의 주인인 그리스도로부터 성도로 부름을 받아 그리스도와 함께 죽고 함께 사는 운명의 공동체이다. 그리스도인의 생명은 생명의 주인이신 그리스도를 모신 자의 생명이다. 그러므로 생명을 가진 자는 생명의 주인을 인정하고 그분의 뜻에 순종하고 세상 속에서 빛으로 드러나야 한다. 그것이 하나님의 교회를 복되게 세우고 하나님의 나라를 이루는 길이다. 바울은 이렇게 생명의 본질을 그리스도론적으로 이해하면서 생명의 사회적인 사명을 제시한다. 이런 면에서 생명 사상이 가지는 윤리적인 측면은 책임을 가진 존재로 인식하도록 인간 각자를 이끌 것이다. 그래서 이제는 '신약성경의 생명 사상과 생명 윤리'에 대하여 알아보고자 한다.

---

40) 이승호, "고후 12:9-10에 나타난 바울의 사도적 영성", 「신학과 목회」 제23집 (2005), 135-152, 149.

제7장 신약성경의 생명 사상과 생명 윤리

생명

1. 생명 사상과 윤리

인간의 생명 문제는 지금까지 모든 인간들의 관심사가 되어 왔다. 이러한 생명 이해의 윤리적인 차원은 현 생활에서의 생명을 강조하고 하나님의 백성으로서의 도리를 강조하는 구약성경의 생명 사상과 연결성을 가진다. 이렇게 공관복음에서 예수의 생명 사상은 종말론적인 하나님의 축복과 아울러 윤리적인 측면도 가지고 있다.(막 10:17; 마 5:8)[1]

기독교의 생명 윤리학적인 측면에서 생명을 연구한 글들이 최근에 많이 나오고 있다.[2] 그러나 성서학적인 입장에서 생명에 대해 조명하

1) 배재욱, "바울의 생명 사상 II", 206을 참조하라.

2) 데이비드 헐/하두봉 · 구혜영 옮김, *Philosophy of Biological Science*, 『생명과학철학』, 대우 학술 총서 72 (서울: 민음사, 1995); 리키 루이스/박용근 · 이강오 외 역, 『생명 과학』 (서울: 정문각 [구]정문사[의학], 2004); Norbert Greinacher, *Menschlich leben: eine christliche Deutung,* Theologische Meditationen 66 (Zürich [u.a.]: Benziger, 1986). 한국어 번역은, 노르베르트 그라이나허/이경우 옮김, 『사람답게 살고자: 人生講論』, 분도소책 43 (왜관: 분도출판사, 1988); Scott B. Rae · Paul M. Cox, *Bioethics: a christian approach in a pluralistic age*, 스콧 래 · 폴 콕스/김상득 역, 『생명윤리학: 다원주의 문화와 기독교적 접근법』, 우리 시

고 진단하는 작업은 그 필요성에도 불구하고 많이 나타나고 있지 않다.

2. 생명에 대한 책임

빌립보서 2장 16절은 '생명의 말씀'에 대하여 언급한다.(비교. 행 5:20) 참 생명은 그리스도이다.(참조. 갈 2:20) 그리스도의 생명은 믿는 자 안에 있으며(고후 4:20-21), 믿는 자는 그리스도 안에 사는 것이다.(참조. 롬 6:11) 갈라디아서 5장 25절이 "만일 우리가 성령으로 살면 또한 성령으로 행할지니"라고 말하듯이 그리스도인에게 생명은 하나님의 축복이며 동시에 하나님의 요구이기도 하다. 이 요구는 성령 안에서 사는 자들이 육신의 삶을 하나님을 위한 것으로 이해해야 되는 것을 인식케 하며 동시에 자신의 생명을 그렇게 사용할 것을 요구한다. 하나님은 인간 생명의 심판에 대한 권한을 가지고 있다.(참조. 벧전 4:5) 축복과 요구 앞에서 그리스도인의 삶은 긴장 관계를 유지한다. 그러므로 사람은 자신에게 분배된 하나님의 생명을 올바르게 지키고 바르게 살아야 할 책임이 있다. 생명을 나타내는 헬라어 조에(ζωή)는 하나님 앞에 살아가는 인간의 책임을 나타내기도 한다. 그리스도는 생명의 주인이다. 그리스도 안에 있는 생명의 성령은 하나님의 백성을 죄와 죽음으로부터 자유케 한다.(롬 8:2) 그러므로 그리스도인들은 자신을 위한 삶이 아닌 주님을 위한 삶을 살아야 한다. 로마서 14장 8절은 그리스도인들이 어떻게 살아야 할지에 대하여 분명히 말한다. "살아도 주를 위하여 살고 죽어도 주를 위하여 죽나니 그러므로 사나 죽으나 우리가 주의 것이로다." 자기를 위해 사는 삶은 생명을 이루는 삶이 아니다.(참조. 롬

대의 신학총서 8 (서울: 살림출판사, 2004); 김명용, "성령 · 창조 · 새 창조", 28-38을 참조하라.

6:2)

참 생명은 그리스도의 대속의 죽음을 통해 얻게 되는 죽음으로부터의 자유요 이 생명은 성령으로 말미암는다. 이 생명은 구체적인 삶의 현실에 작용하여(고전 7:29-40, 6:8-20) 삶에 변화를 보인다. 고린도후서 6장 9절에서 "죽은 자 같으나 보라 우리가 살아 있다."라고 말하는 것처럼 그리스도인의 자유는 매일 연속적인 삶의 현실 속에서 죽는 것을 통해 표현되고 있다. 이 자유함은 "죄로부터의 해방"(롬 6:18) 됨이다. 하나님의 종이 되어(롬 6:22) 생명이신 그리스도 예수 안에서 생명의 기쁨을 누리는 데서 얻는 것이다. 그렇기 때문에 생명(ζωή)은 미래적인 축복(롬 5:10-11; 고후 3:6-18)이면서 동시에 지금 여기서 누리는 현재적인 생명이기도 하다.

로마서 8장 13절에서 "영으로써 몸의 행실을 죽이면 살 것이다."라고 말한 바울은 "하나님의 영으로 인도함을 받는 사람은 곧 하나님의 아들"이라고 했다. 하나님의 성령 안에서 새사람을 입고 사는 길은 "새사람에게 합당한 경건한 삶의 특징들"을 바르게 지키기를 힘쓰는 데 있다.[3] 바울에게서 찾을 수 있는 "윤리의 시발점은 예수 그리스도 안에서 일어난 하나님의 구원 행동"이다.[4] 고린도후서 5장 17절은 하나님의 구원 행동이 그리스도 안에서 구체화되어 나타나는 것을 보여준다. "그런즉 누구든지 그리스도 안에 있으면 새로운 피조물이라 이전 것은 지나갔으니 보라 새 것이 되었도다."(고후 5:17) 이렇게 새로운 생명의 역사는 그리스도 안에서 일어난다. 인간의 생명은 하나님께 의존되어 있으므로 "새로운 피조물"이 된 자들은 그리스도 안에서 생명을 소유한 감격을 누려야 할 뿐만 아니라, 그것과 함께 생명에 대한 도리를 바

---

3) Robert L. Reymond, *Paul, Missionary Theologian*, 로버트 L. 레이먼드/원광연 역, 『바울의 생애와 신학』(서울: 크리스챤다이제스트, 2003), 502.

4) 장흥길, 『신약성경윤리』, 155.

르게 지켜야 한다. 그래야 생명을 가진 존재로서의 의미를 찾을 수 있다. 그것이 생명의 주인인 그리스도를 바르게 섬기는 길이며 하나님의 뜻을 성취하는 것이다. 신약성경에서 생명(ζωή) 사상은 절대 허무와 절망에서 구원(롬 5:10)으로 이끄시는 하나님이 창조하는 의로움과 평화와 즐거움(롬 14:17) 속에서 누리게 되는 것이고 이러한 생명에의 자각은 하나님의 백성들에게 영광스러움을 가져온다.(참조. 고후 3:6-11) 그러므로 그리스도인은 자신의 삶의 현장에서 자신의 가치를 깨닫고 책임 있는 존재로 이웃을 섬겨야 하고 이때 생명의 즐거움을 만들어 갈 수 있다. 그리스도인이 이러한 생명을 사는 한에 있어서 그의 생명은 그리스도를 위한 삶을 사는 것이다.(롬 14:8; 고후 5:15) 이러한 삶의 현실 속에서 그리스도를 따를 때(고후 4:9-15), 그 삶은 성령으로 사는 것이고(갈 5:25, 26), 그때 긍정적인 삶의 열매를 구체적으로 맺어갈 수 있다.

3. 생명과 신앙의 행위요구

요한복음 5장 24절에 보면 '생명'을 얻는 것이 말씀을 듣고 믿는 것과 관련되어 있다. 듣는다는 말의 의미는 '듣고 행하다', '순종하다'의 의미로 이해된다. 요한복음 8장 47절에 "하나님께 속한 자는 하나님의 말씀을 듣는다."라고 했다. "이르노니 사람이 내 말을 지키면 죽음을 영원히 보지 아니하리라."(요 8:51) 또한 이러한 언급은 12장 48절에서 "내 말을 받지 아니하는 자를 … 마지막 날에 … 심판하리라."고 했다. 이 구절에서 예수의 말씀을 지키는 것은 사람의 운명을 결정하는 시금석이 된다. 그것은 예수의 말씀이 영(πνεῦμα)이요, 생명(ζωή)이기 때문이다.(6:63) 요한복음에서 이러한 구절들을 통해서 볼 수 있는 것은 생

명 사상의 윤리적인 특성이다.[5)]

그리스도를 믿는 사람은 이미 생명을 가진 존재(요 5:24)이다. 그런데 생명은 인간에게서 기인된 것이 아닌 하나님의 전적인 선물이다. 그러므로 사람은 이 생명이 자기 것이 아닌 하나님의 선물임을 자각하고 이 생명을 하나님과 올바른 관계 속에서 바르게 지켜야 한다. 그런데 그리스도인은 하나님과의 바른 관계뿐 아니라 이웃과의 바른 관계도 요구 받는다. 이웃의 존재 가치를 인정하고 그들의 생명을 아끼고 사랑하는 것은 하나님이 주신 자신의 생명을 바르게 지키고 보존하는 길이다. 생명의 이러한 측면은 생명의 윤리적인 성격을 규정하고 있다. 이렇게 볼 때 인간의 생명 문제는 인간의 가치 문제와 직결된다. 인간의 가치 문제와 직결된 생명 사상을 마태복음 20:1-16의 포도원 농부 비유에서 볼 수 있다.

마태복음 20장 1-16절의 포도원 농부 비유에 보면 한 데나리온의 품삯을 약속하고 이른 아침에 포도원에 들어가 일한 사람과 오후 5시에 포도원에 들어와 일한 사람에게 포도원 주인은 동일하게 한 데나리온의 품삯을 주었다.(마 20:9-10) 그래서 이른 아침부터 포도원에서 일한 농부가 주인에게 똑같이 품삯을 받은 것에 대하여 불평하였다.(마 20:11-12) 그때 포도원 주인의 대답이 마태복음 20장 13-16절에 나타난다. 주인은 자신이 먼저 온 농부에게 잘못한 것이 없다(마 20:13)고 하면서 자신이 선한 뜻에서 행한 것을 악하게 보지 말라고 했다.(마 20:13-15) 이 비유에 나타난 포도원 주인의 처사는 경제 논리에 따른 것이 아니라, 자신의 선한 뜻에 따라 오후 늦은 시간에 포도원에 들어와 단지 한 시간 동안만 일한 사람에게나 이른 아침부터 포도원에 들어와 하루 종일 찌는 더위 속에서 일한 사람에게 똑같이 한 데나리온

5) 장흥길, 『신약성경윤리』, 310과 비교하라.

의 품삯을 준 것이었다. 주인은 이른 아침에 포도원에 들어와 일한 사람에게는 정당하게 품삯을 주었지만 늦은 오후에 포도원에 들어와 일한 사람에게는 단지 품삯만 지불한 것이 아니라, 그에게 삶에 대한 가치를 일깨우고 생명을 유지할 수 있도록 은혜를 베푼다.[6] 주인 자신의 선한 뜻에 따라 이른 아침에 들어와 일한 사람과 똑같은 한 데나리온의 품삯을 준 것이다. 이러한 주인의 처사는 인간에게 주어진 생명 가치의 귀중함을 보여준다. 그것은 인간은 누구나 이 땅에서 생명을 누리며 살도록 하나님으로부터 부여받은 권한이 있기 때문이다. 하나님으로부터 선물 받은 생명을 지키고 그 생명을 가지고 바르게 살아야 할 뿐만 아니라, 생명이 존귀한 것임을 인식하고 생명을 가진 이웃을 귀하게 받아들이고 세상 속에 하나님의 나라를 만들어가야 한다.

마가복음 10장 17절에 보면 한 부자가 부활의 생명에 대한 기대로 생명의 길을 물었을 때 예수는 그를 사랑하는 마음으로 "네게 아직도 한 가지 부족한 것이 있으니 가서 네게 있는 것을 다 팔아 가난한 자들에게 주라 그리하면 하늘에서 보화가 네게 있으리라 그리고 와서 나를 따르라."(막 10:21)고 말한다. 그 부자가 천적(天的)인 생명의 길을 물었을 때 예수는 그 천적인 생명의 길을 하늘에서 행하는 도리가 아니라 인간이 땅 위에서 살면서 걸어가야 할 도리를 통해 제시한다. 그러나 예수의 이 교훈은 인간과 하나님의 관계가 올바르다는 전제 속에서 나온다. 그리고 하나님과 올바른 관계가 인간 상호 간의 올바른 관계를 통해 점검되고 있다. 이것이 하나님의 생명을 선물 받는 자들의

6) 가난한 품꾼에게 일자리를 기다리게 하는 것은 삶에 대한 가치를 빼앗는 것이다. 만약 이 품꾼이 하루 종일 일하지 못하면 자기 혼자만의 고통으로 끝나는 것이 아니다. 그를 기다리는 온 가족에게 배고픔의 고통을 안겨 주게 된다. 그 당시의 경제적 사회적 상황에 대해서는 J. Jeremias, *Jerusalem zur Zeit Jesu*, 요아힘 예레미아스, 『예수 시대의 예루살렘: 신약성서 시대의 사회경제사 연구』(서울: 한국신학연구소, 1988), 13-85, 123-163을 참조하라.

삶에 대한 의무이다. 바울은 디모데전서 6장 8절에서 "우리가 먹을 것과 입을 것이 있은즉 족한 줄로 알 것이니라."[7]고 교훈한다. 바울의 이 교훈은 생명의 길이 멀리 있는 것이 아니라, 자신의 삶에 대해 바르게 인식하고 만족을 누리는 데서 생명의 기쁨을 누릴 수 있음을 보여준다. 사람이 자신의 삶에 만족하지 못하면 온갖 울분 속에서 자신의 인생을 파국으로 몰아갈 수 있다.[8] 빌립보서 4장 12절에서 바울은 "나는 비천에 처할 줄도 알고 풍부에 처할 줄도 알아 모든 일 곧 배부름과 배고픔과 풍부와 궁핍에도 처할 줄 아는 일체의 비결을 배웠노라."고 한다. 이러한 비결은 사람이 자신의 삶에 대해서 만족하는 데서 이룰 수 있는 비결이다. 만족을 누리지 못하면 사람은 자신의 그리스도 안에서 회복한 고귀한 하나님의 선물인 생명을 여러모로 해치게 된다.

인간은 인간 그 자체로 존귀하다. 인간의 가치가 지위의 높고 낮음, 출신의 귀천, 부의 다소 등에 따라 결정되는 것이 아니라 하나님의 형상을 가진 그 자체로 존귀한 것이다.[9] 이러한 존귀한 본성 속에서 파악되는 인간 생명은 인간 개개인의 범위 안에 머무르는 존재가 아니다. 바울이 에베소서 2장 13-14절에서 "이제는 전에 멀리 있던 너희가 그리스도 예수 안에서 그리스도의 피로 가까워졌느니라 그는 우리의 화평이신지라 둘로 하나를 만드사 원수 된 것 곧 중간에 막힌 담을 자기 육체로 허시고"라고 말한 것과 같이 이제는 "그리스도 예수 안에서 그리스도의 피로" 가까워진 존재로 서로를 존중히 여기는 삶을 살아야 한다.

7) 잠 30:15; 사 56:11; 겔 16:29; 합 2:5; 눅 3:14; 딤전 6:8; 히 13:5.

8) 2008년 6월 28일자 동아일보에 보면 "화병으로 치료받는 젊은이들이 최근 4년 사이 두 배로 증가한 것으로 나타났다."고 한다. 여러 가지 원인으로 분석하지만 자신과 자신의 환경을 있는 그대로 받아들이고 족한 마음으로 살아가는 것이 인간의 분노를 다스리고 생명의 길로 가는 축복된 삶일 것이다.

9) 배재욱, "성경이 선언하는 인간 생명의 고귀함", 61-67을 보라.

예수는 마태복음 5장 13-16절에서 제자들을 "소금이요 빛이라"(참조. 막 9:50; 눅 14:34-35)고 했다. 예수의 이웃 사랑의 교훈은 생명의 윤리적인 측면을 나타낸다.(마 19:19, 22:39; 막 12:31; 눅 10:27) 바울은 생명의 사회적인 측면에 대해 묘사할 때 예수 전승에 의지한다. 이 생명관은 인간의 윤리적인 생명의 가치를 보여준다. 생명의 윤리적인 측면은 기독교의 선교적인 책임일 뿐 아니라 인간 사회를 풍요롭게 만들고 세상을 유익하게 만드는 하나님의 창조 원리를 지키는 것이다.

제8장 신약성경의 생명 사상과 선교

생명

인간의 본질인 생명 문제는 신학의 본질적인 문제일 뿐만 아니라 선교의 본질 문제이기도 하다. 생명을 경시하는 사회적인 풍토 가운데서 생명의 가치를 바르게 인식하고 생명의 사회적이고 윤리적인 측면을 바르게 세워 가야 할 것이다. 예수는 인류의 죄를 위하여 자기의 생명을 바쳤다.[1] 요한복음 15장 1-11절의 포도나무 비유에 보면 예수 그리스도는 포도나무라고 했다. 그리스도인은 포도나무이신 그리스도와 함께 한 몸을 이루는 공동체로서 서로 연합하는 가지이다. 바울도 그리스도와 그리스도인의 관계를 교회란 그림을 통하여 설명하면서 "성령 안에서 하나님이 거하실 처소가 되기 위하여 그리스도 예수 안에서 함께 지어져 가느니라."(엡 2:22)고 했다. 교회는 그리스도를 중심으로 함께하는 신앙의 공동체로 한 몸 된 본질을 생각하고 하나님이 각자에게 선물한 생명을 바르게 지켜야 한다. 예수 그리스도를 따르는 공동체로서 교회는 생명의 도리를 지키고 생명의 축복을 향유할 수 있도록 해야 할

1) 이것에 대하여는 마태복음 20장 28절, 마가복음 10장 45절 로마서 5장 6-7절, 갈라디아서 3장 13절, 예레미야 5장 2절, 빌립보서 2장 8절 그리고 베드로전서 2장 24절을 참조하라.

것이다. 포도나무 가지(참조. 요 15:1-11)로서, 그리스도 예수 안에서 함께 지어져 가는 교회(참조. 엡 2:22)로서 그리스도인 각 개인은 '성도' 이고 모두 함께 그리스도 안에서 '동일한 시민' 이요 '하나님의 권속' (엡 2:19)이다. 그러므로 하나님의 형상을 가진 각자(창 1:27)를 귀하게 생각하고 인간 속에 담겨진 생명을 존귀하게 지켜가야 한다. 여기서 교회는 생명의 도를 전하는 데서 그 본질적인 존재의 의미를 바르게 할 수 있을 것이다.

1. 생명의 기쁨을 위한 선교

그리스도 안에 사는 그리스도인은 생명의 기쁨을 누린다는 사실을 인식해야 한다. 그 기쁨은 자신이 그리스도 안에서 살아간다는 것을 인식하는 데서 얻게 되는 종말론적인 선물이다. 이러한 인식은 종말론적인 생명의 의미를 지금 여기서 깨닫게 한다. 종말론적인 생명은 현재적인 생명이 가지고 있는 모습에 따르는 결과에 의하여 규정되는 것으로, 생명의 주인이신 하나님을 알고 올바른 신앙에 이를 때 가질 수 있는 생명이다. 신적인 기원의 바탕 위에서 생명은 믿음과 관련된다. 그러므로 생명을 주신 하나님의 창조 원리를 바르게 인식하고 그 생명을 귀중하게 지켜야 한다. 상한 갈대도 꺾지 않고 꺼져 가는 불도 끄지 않고(사 42:3; 마 12:20) 진리로 생명을 지키시는 하나님의 구원의 도리를 지켜야 한다. 상한 갈대처럼 연약한 인간의 생명을 사랑하고 그것을 지키기 위해 이 땅에 오셔서 사랑의 본을 보이신 예수 그리스도(요 13:15)의 마음(빌 2:5)으로 사는 것이 이 땅에서 생명을 풍성하게 하는 길이다. 생명을 풍성하게 한다는 것은 생명의 주인 되시는 하나님을 바르게 인식하는 데서 시작하여 하나님의 뜻을 세상 속에 펼쳐가는 데서 이루어진다.

생명 선교는 현재 여러 분야에서 연구되고 시도되고 있다. 대한예수교장로회에서는 “하나님의 영광을 위하여 모든 피조물이 더불어 살아가는 지구 생명 공동체”란 주제로 생명 살리기 운동에 집중하고 있다.[2] “생명 운동은 구조적 모순, 이기적 욕심에 의해 인간이 살아가는 데 가장 중요한 먹을거리, 환경, 가치관 등이 너무 심하게 파괴되어 심각한 위기를 맞고 있는 현실 속에서 모든 것을 생명의 존엄성에 비춰 생산하고 유통, 소비하는 운동을 말한다.”[3]

생명의 원천이신 하나님과 어린 양이 인간 생명의 중심에 위치하도록 예수 믿는 자들은 이 세상에서 생명의 총체적인 힘이 세상 안에서 퍼져 나가도록 만드는 중재자들로 자신을 인식하고 살아야 할 것이다. 그것이 생명 선교의 출발점이다.

인간의 삶의 현장엔 생명의 가치를 지켜야 할 인간의 도리와는 어긋난 많은 불합리함이 존재한다. 생명을 누리는 자유가 제한되고 있고, 경제적-사회적인 인습의 굴레 속에서 생명의 존엄을 지키는 것과는 다른 방향으로 인간의 생명이 내몰리는 상황 속에서 어떻게 생명의 기쁨을 향유하고 지킬 것인가가 우리의 과제이다. 생명의 기쁨을 향유할 때 죽음의 공포를 이기게 된다.

누가는 사회적 갈등 속에서 소외되고 약한 사람들을 위한 관심을 나타낸다.[4] 누가가 약자에 대하여 가지는 관심에 대하여 선교적 관점에

---

2) 이것에 대해서는 최병곤, “축사”, in: 농어촌선교연구소 편, 『생명을 살리는 농어촌선교. 농어촌선교 모범 사례집 제1권』(서울: 총회 농어촌부 농어촌선교연구소, 2003), (3-4), 3을 보라.

3) 남상도, “백운교회와 한마음 공동체를 중심으로”, in: 농어촌선교연구소 편, 『생명을 살리는 농어촌선교. 농어촌선교 모범 사례집 제1권』(서울: 총회 농어촌부 농어촌선교연구소, 2003), (69-93), 76.

4) T. W. Manson, *The Sayings of Jesus* (London: SCM Press, 1949), 282에서 멘손

서 살핀 이문균은 선교를 생명 선교에 집중해야 한다고 하면서 아래와 같이 생명 선교에 대하여 서술한다. 생명 선교는 "생명을 살리는 하나님의 선교에 참여하는 것이고 성령의 역사에 동참하는 활동이다. 그것은 구체적으로 치유하고 위로하고 삶에 대한 용기를 확산시키며 죽으려는 자를 일으켜 세우는 것이다. 그러므로 우리는 세상을 위한 희망으로 나아가는 길을 발견해야 한다."[5] 생명 선교에서 그리스도는 하나님의 긍휼을 따라 우리에게 주어진 '산 희망' 이다.(벧전 1:3) 그러므로 '산 희망' 은 그리스도를 깊이 생각하고(참조. 히 3:1) 그를 따르는 데서 영글고 열매 맺는다. 예수를 따르는 삶은 "세상의 구세주"(ὁ σωτὴρ τοῦ κόσμου)이신 예수 그리스도를 따라 자신만을 위하여 사는 것이 아니라, 이 세상에서 그리스도의 종으로서 살아가는 데 있다.

세상을 위한 생명은 자기를 희생하여 이 땅에 살아가는 사람들을 위하여 한 알의 밀알이 되고자 하는 예수의 모습에서 찾을 수 있다. "한 알의 밀이 땅에 떨어져 죽지 아니하면 한 알 그대로 있고 죽으면 많은 열매를 맺느니라."(요 12:24) 예수는 자기 희생을 통하여 세상에 생명을 제공하여 이 땅에 평화를 이루셨다. 바울은 에베소서 2장 14-15절에서 "그는 우리의 화평이신지라 둘로 하나를 만드사 원수 된 것 곧 중간에 막힌 담을 자기 육체로 허시고 법조문으로 된 계명의 율법을 폐하셨으니 이는 이 둘로 자기 안에서 한 새 사람을 지어 화평하게 하셨다."고 한다. 세상의 생명을 살리기 위하여 십자가에서 희생 제물이 된 그리스도는 하나님과 세상 사이에 화평을 만드셨고, 이웃 간에 서로 담을 사이에 두고 사는 인간 세상에서도 화평을 만들어 소통하게 하셨다.

은 누가복음 15-19장에 걸쳐 나오는 기사들을 소외된 자의 복음으로 부른다. Jack T. Sanders, *The Jews in Luke-Acts* (London: SCM Press, 1987), 132에서 누가는 가난하고 비천한 자에 대하여 관심을 가지고 있다고 본다.

5) 이문균, "성령과 생명. 생태학적 성령 이해", 『생명의 영성』, 조직신학논총 11집(2004), (99-126), 122.

그래서 그리스도는 화평이시다.(엡 2:14)

2. 성령의 생명 사역과 선교

요한복음서 6장 63절은 "내가 너희에게 이른 말은 영이요 생명이라." (τὰ ῥήματα ἃ ἐγὼ λελάληκα ὑμῖν πνεῦμά ἐστιν καὶ ζωή ἐστιν)는 말로 성령과 생명을 병행으로 두고 있다. 이 말을 통하여 살펴볼 때 요한복음에서 성령은 요한신학을 가늠하는 열쇠라고 할 수 있다. 요한복음 1장 32절에 보면(참조. 요 1:33) 예수가 세례 받는 동안 "성령이 비둘기같이 하늘로부터 내려와서 그의 위에 머물렀더라."고 한다.(참조. 사 11:2) 이 구절에서 예수는 '성령의 담지자'(Geistträger)로 나타나며 33절에서는 '성령으로 세례를 베푸는 이'(ὁ βαπτίζων ἐν πνεύματι ἁγίῳ)로 나타난다. 이렇게 예수는 성령의 담지자, 성령으로 세례를 베푸는 이로서 그가 하는 말씀이 성령으로(참조. 요 6:63) 나타난다. 이를 통하여 예수의 말씀을 통하여 성령이 전달됨을 알 수 있다. 그런데 요한은 "살리는 것은 영이다."(τὸ πνεῦμά ἐστιν τὸ ζῳοποιοῦν, 요 6:63)라는 말을 통하여 성령은 생명을 살리는 영이라는 것을 분명히 한다.

요한에서처럼 바울에게서도 생명 사상은 성령(πνεῦμα)과 깊이 연관되고 있다. 성령은 미래에 대한 보증이고(참조. 롬 8:11) 동시에 이미 그리스도와 함께 그리스도인의 생명 가운데 현존하고 있다.(참조. 롬 8:2) 그러므로 그리스도인은 이미 생명(ζωή)을 가진 역사적 실존(實存) 속에서 생명을 주는 성령의 지배 아래 있다.

바울에게서 성령은 그리스도의 종말론적인 현재(現在)를 나타낸다. 로마서 8장 2절에서 "그리스도 예수 안에 있는 생명의 성령"(πνεύμα τῆς ζωῆς ἐν Χριστῷ Ἰησοῦ)에 대해 언급하는데, 여기서 "그리스도 예수 안에 있는 생명의 성령"은 '죄와 사망'(ἁμαρτία καὶ θανάτος)과 대조를 이룬다. 로마서 7장에 나오는 율법 아래 있는 인간의 모습과는 완전히 대조적으로 8장에서 성령 안에서 사는 삶에 대해 말한다. 바울에게서 성령은 새로운 창조의 원동력이다. 그래서 생명의 성령이 활동하는 공간에는 더 이상 죽음이 침투하지 못한다. 왜냐하면 생명의 주인인 하나님은 성령 안에서 생명을 창조하시기 때문이다. 성령 안에 있는 생명이므로 "새 생명 안에서 사는 것"(참조. 롬 6:4)은 '영의 새로움'으로 서로 섬기는 것(롬 7:6)을 의미한다. 7장은 '생명의 성령'이 하나님의 자녀들을 "성령 안에서 거룩하게"(참조. 롬 15:16) 살도록 하는 것으로 이때 그리스도인들은 성령으로 말미암아 변화되는 경험(참조. 고후 3:18)을 하게 되는 것이다. 또한 이때 모든 하나님의 자녀는 성령 안에서 '생명의 길'을 발견하게 된다. 하나님의 권능으로 나타나는 성령(πνεῦμα)에 의해 생명이 인간에게 주어진다. 바울은 고린도전서 15장 45절에서 그리스도를 '마지막 아담'(ὁ ἔσχατος 'Αδάμ)으로 그리며 그를 '살려주는 영'(εἰς πνεῦμα ζῳοποιοῦν, 고전 15:45)으로 말한다. 그리스도가 그의 사람들에게 생명을 수여하는 것으로 묘사한다. 이들은 이전까지는 "유혹의 욕심을 따라 썩어져가는 구습을 좇는 옛 사람"(엡 4:22)들이지만 이제는 새로운 생명을 소유한 자로서 더 이상 죄인도 아니고 종도 아닌 하나님의 영으로 인도함을 받는 사람, 곧 "하나님의 아들"(롬 8:14)이므로 하나님을 아버지라고 부르게 되는 것이다.(참조. 롬 8:15)

로마서 14장 17절에 보면 "하나님의 나라는 먹는 것과 마시는 것이 아니요 오직 성령 안에 있는 의와 평강과 희락"이라고 했고 갈라디아서 5장 5절에서는 "성령으로 믿음을 따라 의의 소망을 기다리노니"라고 했다. 이러한 표현에서 관찰할 때 성령은 '의'(δικαιοσύνη) 안에서 종말론적 생명을 산출한다. 동시에 성령은 의에 대한 희망으로 육신의 부활에 대한 확신을 이룬다. 이런 면에서 성령은 종말론적으로 새로운 창조의 능력으로 관찰되며 신앙의 현재를 자유케 하며, 현재 속에 고정시키는 것으로 그치는 것이 아니라 나아가 미래의 완성과 연결시켜 주므로 종말론적인 완성을 향하여 열려 있게 된다. 이러한 종말론적인 완성은 하나님의 구원 사역을 통하여 세상 속에 하나님의 나라를 확장하는 선교를 이룬다. 이러한 선교는 생명을 살리는 성령을 통해 이루시는 하나님의 구원 활동이다.

제9장 생명 글을 맺으면서 – 생명 사상의 함의를 위하여

자연적인 생명을 포함한 인간의 생명은 가장 소중한 재산이고 인간의 범주 저편에 놓인 가장 귀중하고 거룩한 선물이다. 그러므로 하나님이 베푼 인간에 대한 가장 친근한 행동은 인간에게 '하나님의 생명을 분배한다.' 는 개념 속에 묘사된다.

인간에게 생명이 이처럼 고귀하지만 우리는 사람의 가치를 외형적으로 판단하는 생명 상실 시대를 살아가고 있다. 사람의 가치는 외형적인데 있는 것이 아니라 생명 그 자체로서 존귀한 것이다. 인간 생명이 가지는 가치는 하나님이 인간에게 부여해 주신 생명을 어떻게 인식하고 어떻게 바르게 가꾸는가에 달려 있다는 것을 인식하고 더 나아가 하나님의 존재를 깨닫고 받아들이는 가운데 생명을 가진 존재로서 가치 있는 인생을 살아가게 되는 것이다. 이 땅 위에서 살아가는 모든 존재에게서 생명은 무엇과도 바꿀 수 없이 소중한 것이기에 인간은 누구나 생명이 주는 기쁨과 즐거움을 누리며 생명에 대한 책임을 가진 존재로 살아가야 한다.

구약성경에 나타난 생명 사상은 민족 공동체를 포함하는 집단과 개인에 대하여 포괄적으로 사용된다. 그 생명 사상의 근저(根柢)에는 하나님이 생명의 부여자라는 사고가 있다. 그래서 구약성경은 하나님을 정의하면서 "생명의 주체자"인 하나님은 살아 계시다는 것을 분명히 한다. 구약성경에서 하나님이 인간을 흙으로 만들었다는 보도(창 2:7)는 인간이 근본적으로 한계 속에서 사는 존재인 것을 분명히 한다. 아무리 고귀한 혈통을 가지고 태어나도, 아무리 높은 지위에 있는 사람이라도, 고귀한 인품과 높은 꿈과 이상을 지니고 사는 사람이라 해도 인간은 한계 속에 사는 존재란 점에서는 동일하다. 인간의 생명이 인간 자신에게 속한 것이 아니므로 그것에 대한 주권은 생명의 창조자인 하나님께 있다. 그 때문에 호흡의 창조자인 하나님만 피조물을 실질적으로 보호할 수 있다. 그리고 하나님이 보호할 때라야 인간은 비로소 생명이 주는 즐거움을 누릴 수 있다. 그리고 생명의 주인 되신 하나님과 바른 관계를 가질 때 하나님이 주시는 지복(至福)을 누리게 된다. 그 지복은 바로 생명과 평안이다.

이러한 지복을 사람이 누리며 살아야 하는 것은 인간에게 주어진 것이다. 이러한 입장에서 보면 구약성경에 나타난 생명은 사상적인 면과 아울러 윤리적인 면에서 이해된다.(참조. 출 20:12; 잠 4:10, 9:11)

잠언에서의 생명 사상은 시간적인 테두리 안에서 인간학적인 면으로 나타나므로 윤리적인 차원으로 이해된다. 잠언에 나타나는 이러한 생명 사상은 신약성경과는 다르게 교훈적이고 시간적이다. 생명의 근원인 하나님은 생명의 완성자(참조. 사 38:16; 계 22:1-5, 17)로서 인간을 생명의 길로 인도한다. 그러므로 하나님과 바른 관계를 가지는 것이 올바른 생명의 길이다.(참조. 시 16:9-11, 49:15, 73:24) 생명의 길은 인간을 참 삶으로 인도한다.(참조. 잠 3:2, 16, 22, 4:10, 22, 8:35, 9:6, 11, 10:27) 뿐만 아니라, 구약성경에 나타나는 생명 사상은 구원 사상과 관련되어 있다.(참조. 시편 30:3, 116:8) 이러한 생명 사상은 신약의 생명 사상과 깊이 관련되어 있다.

결론적으로 구약성경에서 생명은 하나님의 창조의 대상이라는 논지를 통하여 생명의 신적인 기원을 밝힌다. 이러한 묘사를 통해 구약성경은 인간에게 선물되어진 생명이 가지는 가치를 강조한다. 이러한 배경에는 구속사적인 하나님의 창조의 섭리가 드러나 있다.

초기 유대교에서 생명 사상에 대한 탐구는 초기 유대교가 처한 환경에 대한 연구가 구약성경에 대한 연구와 아울러 시행되어야 한다. 초기 유대교는 구약성경이 처한 환경과는 다른 변화를 많이 내포하고 있다.

초기 유대교 묵시 문학은 '부활'과 '영원한 생명'(단 12:1-2)에 대한 묘사를 통해 생명 사상을 표현한다. 이 생명 사상은 현재적이면서 동시에 종말론적이다. 초기 유대교에서 개종자는 갓 태어난 아기와 비교되는데, 이러한 인식이 쿰란 공동체 가입을 새로운 변화의 시작으로 보는 쿰란-에세네 공동체에도 나타난다.(1QH 19:10-14) 쿰란 공동체 가입을 통해 '하나님이 주신 생명'을 경험하게 되는 것이다.

알렉산드리아 유대인 학자 필로에게 나타나는 '영원한 생명'(ζωὴ αἰώνιος)에 대한 이해는 요한복음과 비슷하다. 그럼에도 불구하고 필로는 생명의 가치를 상대화시켜 조에(ζωή)를 영혼을 묶어두는 사슬로 이해한다.

요세푸스는 구약성경(창 2:7)을 따라 인간 생명이 신적인 기원을 가지는 것으로 이해한다.(Ant 1:34) 동시에 그는 초기 헬레니즘 유대교에 나타나는 영혼불멸 사상을 수용한다.(Bell 7:347-348)

초기 헬레니즘적인 기원을 가지는 『요셉과 아스낫』이란 작품은 창세기 2장 7절에 나오는 '요셉과 아스낫' 이야기를 바탕으로 기록된 것이다. 이 작품에 '생명의 성령'(ζωὴ αἰώνιος, JosAs 19:10-20:1)이란 표현이 나타나는데, 이 '생명의 성령'이란 표현은 신약성경에서 인간 갱신이 이루어지는 성령에 대한 사상과 깊은 연관 속에 있다.

신약성경에서 생명에 대한 가르침은 구약성경과 초기 유대교의 생명 사상을 이어받는다. 구약성경과 초기 유대교의 생명 사상을 차용하여 서술하는 모습이 신약성경에 보편적으로 나타나지만 신약성경의 생명 사상은 그리스도론적인 생명 이해와 관련되어 있다는 점에서 독특하다.

신약성경의 생명 사상이 요한계시록에서는 종말론적인 생명관으로 두드러지게 나타나지만, 공관복음과 바울 서신 및 요한복음에서는 현재적인 생명 사상이 명백하게 보인다. 특히 요한복음에서는 생명의 현재성이 두드러진다. 이러한 현재적인 생명 사상은 그리스도와 관련하여 묘사되고 있다. 생명은 그리스도 안에서 얻는 구원과 평화를 통해 드러나게 된다. 새롭게 됨은 하나님이 이루신 구원과 관련되어 사람의 질적인 새로운 변화를 이끈다. 이 사상은 인간의 죄 문제와 하나님의 용서 사이에서 그리스도의 십자가 사건을 통해서 이루어진다. 그리스도의 대속(代贖)의 죽음은 새롭게 됨을 이룬다. 이 인간의 새롭게 됨은 성령의 새롭게 하심을 통해 성취된다.(참조. 딛 3:5-6) 요한복음에서 생명은 미래적인 모습을 가지기도 하지만(요 5:39), 다른 복음서들과는 다르게 생명의 현재적인 모습이 강조되어 있다.

공관복음은 구약성경의 생명 사상이 신약성경 중에서 가장 강하게 투영되어 있다.(참조. 눅 1:75) 이 생명 개념은 종말론적인 모습을 갖추면서도 윤리적이다.(참조. 마 5:8; 막 10:17-27) 산상보훈에서도 그런 모습을 보인다.(마 5:6, 8) 공관복음에 나타나는 종말론적인 생명은 윤리적이다.

공관복음은 현재적인 생명 사상으로 그리스도인은 하나님의 말씀을 먹고 살아야 하지만 육신적인 양식의 필요에 대해서도 말한다.(마 4:4) 마태는 예수의 치유 기적을 단지 치유 행위로만 보지 않고 그 치유 기적을 통하여 이루어지는 하나님의 생명 역사로 나타낸다.(마 9:18; 참조. 막 5:23) 이러한 예수의 치유 기적을 통하여 인간 실존의 나약함에 대한 하나님의 관심을 보여주며 동시에 인간은 육신적인 것에만 관심을 둘 것이 아니라, 하나님의 실존에 대해서도 관심을 가지고 살아야 참된 생명의 본질에 이를 수 있다는 것을 말하고자 한다.(마 7:21;참조. 막 5:23; 눅 6:46) 그래서 예수의 치유 행위는 하나님의 구원 사역을 통하여 이루어지는 인간의 생명 회복을 위한 하나님의 구원 활동이다.

공관복음은 예수의 속죄 죽음을 통해 이루어지는 '생명 회복'(참조. 막 10:45; 마 20:28)에 대하여 깊은 이해로 이끈다. 예수의 십자가는 인간을 위한 대속의 죽음을 이루었고, 이 죽음을 통해 죄인에게 생명이 선물로 주어졌다. 이 속죄 죽음을 통해 이루어진 생명은 영원한 생명(참조. 막 10:17)으로 하나님의 나라에서 누리는 생명이다.

요한복음에서는 생명 사상이 그리스도론적인 진술과 깊이 관련된다.(요 5:26) 그리스도는 말씀으로 생명을 전달하며(참조. 요 6:68, 10:28, 12:50, 17:2), 그리스도를 믿는 자는 이미 생명을 소유한 자이다.(참조. 3:36, 5:24, 6:47) 요한복음에서 생명 사상은 미래적인 모습(11:24, 12:25)과 동시에 현재적인 모습(요 11:23)을 볼 수 있다.(참조. 요 11:23-27)

요한복음은 공관복음과는 다르게 현재적인 생명관을 주장하여 그리스도에 대한 믿음을 가지면 이미 생명 안에서 살기 때문에(참조. 5:24, 11:25) 믿는 자는 오는 세대의 생명을 그리스도와 함께 지금 여기서 누리고 있음을 말한다.(참조. 요 10:10)

공관복음에서처럼 요한복음에서도 예수의 속죄 죽음에 생명 사상의 기초를 둔다. 그리스도의 십자가는 생명을 새롭게 한 구원 역사의 시발점이다. 생명 구원의 기초석인 그리스도 안에서 천상의 기쁨 가운데 생명을 누리게 된다. 생명 그 자체이고(11:25), 생명의 부여자(4:14, 17:22, 20:31)인 예수 그리스도의 속죄 죽음은 인간 생명을 이룬 기원이다. 그래서 "그를 믿는 모든 자에게" 예수는 자신의 십자가를 통해 확립한 생명을 준다.(참조. 요 3:15, 16, 6:40)

요한복음 7장 37-39절에 예수의 죽음과 부활이 성령 강림의 근거가 됨이 나타나는데, 성령은 기적적이고 창조적인 하나님의 구원을 성취한다. 요한복음 2장 1-11절에서 포도주 표적을 통하여 요한은 유대인들이 자랑하는 율법이 얼마나 빈곤한지를 밝히고 예수 그리스도가 십자가를 통하여 완성한 새로운 율법이 인간에게 생명과 구원을 가지고 온다는 것을 말한다. 예수만이 인간의 영혼에 생명을 창조하고 구원을 완성한다. 요한복음은 생명이란 표현을 공관복음보다 더 많이 사용하며, 더 깊이 강조한다. 요한복음에서 생명(ζωή)은 하나님이 인간을 위해 일하는 모든 구원 활동을 포괄하는 개념으로 보인다. 이 생명은 아들이 아버지로부터 받아 소유하는 생명(참조. 요 5:26)으로 믿는 자에게도 그 아들로부터 선물된 것이다.(참조. 요 6:57)

바울의 생명 사상은 구약성경과 초기 유대교의 배경 위에서 그리스도론적인 이해를 통하여 나타난다. 그리스도 계시를 통하여 바울은 하나님의 구원 사건이 구체화됨을 말한다. 바울은 그리스도 사건을 하나님의 계시 사건으로 보면서 부활을 통해 이루어진 새 생명을 말한다.(롬 5:15-21; 고전 15:20-23)

고린도전서 15장 20-24절에서 생명은 하나님의 나라와 연결되면서 죽음과 대조되어 있다.(특히 15:22) 죽음과 생명의 대조가 죽은 자의 대표인 아담과 산 자의 대표인 그리스도의 대조를 통해 나타난다.(참조. 롬 5:14; 고전 15:22, 45)

바울은 특히 그리스도의 대속의 죽음을 강조하면서 생명을 강조한다. 로마서 5장 10절에서 그리스도는 대속의 죽음을 통해 구원을 성취한다. 그리스도의 대속의 죽음은 인간을 하나님과 화해시키는 사건이었다.(롬 5:10; 골 1:21-22)

바울에게서 성령은 미래에 대한 보증(롬 8:11)으로 생명을 주는 영(롬 8:2)이다. 바울은 생명을 미래적으로 묘사하지만 미래적인 것에만 제한하지 않는다. 그것은 그리스도 안에 있는 사람은 삶의 현실 속에 영향을 미치는 생명의 지배를 받고 살기 때문이다.(참조. 고전 7:29-40)

신약성경이 말하는 생명 사상은 구약성경-유대교 생명 사상의 전승을 따른다. 구약성경에서 '생명'은 개인과 집단의 모든 활동과 경험과 관련된다. 하나님은 생명의 주관자로서(시 16:11) 생명에 대한 결정권을 가진다.(출 32:32)

신약성경은 구약성경적-초기 유대교적 전승을 따르지만 생명 사상을 그냥 답습하는 것이 아니라 그리스도론적으로 해석하고 있다. 예수 그리스도는 생명의 원천이요 신성(神性)의 담지자이다. 그리스도 안에서 드러난 생명(고전 15:20-22)은 생명의 본질이 그리스도 안에 있음을 보여준다.

그러므로 이 생명은 인간에게서 기인된 것이 아니라 하나님의 전적인 선물이므로 우리는 하나님과 올바른 관계 속에서 생명을 바르게 지켜야 한다. 성령은 "새로운 창조의 원동력"(참조 롬 8:2)이고 성령 안에서 자유함을 누릴 수 있다.(롬 8:21) 생명을 살리는 영이신 그리스도를 깊이 생각하고(참조. 히 3:1) 그리스도 안에서 하나님의 나라를 이루며(참조. 행 8:12, 28:31) 어둠에 둘러싸인 세상에 복음을 전함이 복된 일이다. 이 땅에서 생명의 도리를 가르치고 지킬 때 생명의 길이 밝히 드러날 것이다. 에베소서 5장 8-9절은 생명의 길을 제시한다.

> "너희가 전에는 어둠이더니 이제는 주 안에서 빛이라 빛의 자녀들처럼 행하라 빛의 열매는 모든 착함과 의로움과 진실함에 있느니라."
> (엡 5:8-9)

참고문헌

강성열. "예언서에 나타난 하나님의 나라와 생명." in: 총회교육부 편. 『성령님이 교통하시는 하나님의 나라와 생명』. 교육주제 23. 서울: 장로교출판사, 2001, 147-163.

김균진. 『죽음의 신학』. 서울: 대한기독교서회, 2002.

김명용. "성령 · 창조 · 새창조." 「기독교사상」 통권385호(1991년 1월), 28-38.

김문경. 『요한신학』. 서울: 한국성서학연구소, 2004.

김세윤 저/김옥배 역. 『바울 신학과 새 관점: '바울 복음의 기원'에 대한 재고』. 서울: 두란노, 2002.

김춘기. 『요한복음 연구: 요한복음신학과 주석』. 서울: 한들출판사, 1993.

______. 『요한복음에 나타난 이적이해: 표적 σημεῖον에 대한 편집사적 입장에서』. 장로회신학대학교, 1982.

______. "요한복음에 나타난 생명 사상." 「신학과 목회」 제23집(2005), 5-28.

______. "신약성서에 나타난 여러 형태의 신앙관에 대한 연구." 「신학과 목회」 제29집 (2008), 199-232.

______. 『예수의 啓示事件으로 본 요한복음 21章』. 대구: 啓明大學校 박사학위 논문, 2002.

______. 『만남의 복음서: 요한복음 주석』. 서울: 한들출판사, 2007.

______. "요한복음에서 나타난 영성." 「신학과 목회」 제14집(2000), 61-88.

______. "요한복음에 나타난 생명 사상." 「신학과 목회」 제23집(2005), 5-28.

남상도. "백운교회와 한 마음 공동체를 중심으로." in: 농어촌선교연구소 편, 『생명을 살리는 농어촌선교. 농어촌선교 모범 사례집 제1권』. 서울:

총회 농어촌부 농어촌선교연구소, 2003, 69-93.

루이스, 리키/박용근 · 이강오 외. 『생명 과학』. 서울: 정문각 (구)정문사(의학), 2004.

맹용길. 『자연, 생명, 윤리』. 서울: 임마누엘, 1992.

문인찬. 『인간생명에 관한 윤리 신학적 고찰』. 서울: 감리교신학대학, 1989.

박노권. "현대 죽음 이해에서 종교적, 도덕적 의미의 회복." 「선교와 신학」 제17집(2006), 199-228.

배재욱. "요한계시록에 나타난 상징언어 '어린 양'에 대한 선교신학적인 고찰." 「선교와 신학」 제13집(2004), 171-196.

_____. "쿰란공동체와 에세네파에서의 정결과 구원 사상." 「장신논단」 21(2004), 117-135, 404-405.

_____. "초기 유대교 문헌에 나타난 생명과 그 특징." 「신약논단」 통권 15권 1호(2008년 봄호), 1-35.

_____. "성경이 선언하는 인간 생명의 고귀함." 「목회와 신학」 190(2005년 4월호), 61-67.

_____. "요한복음이 말하는 영원한 생명에 대한 소고." 「선교와 신학」 제14집(2004), 199-227.

_____. "성경이 선언하는 인간 생명의 고귀함." 「목회와 신학」 190(2005년 4월호), 61-67.

_____. "바울의 생명 사상 II. 예수의 생명 이해." 「기독교사상」 578(2007년 2월호), 204-211.

_____. "바울의 생명 사상 III. 바울의 생명 이해." 「기독교사상」 579(2007년 3월호), 188-196.

_____. "바울의 생명 사상 V. 세례와 새 생명의 삶." 「기독교사상」 582(2007년 6월호), 172-179.

_____. "신약성경의 생명 사상에 대한 고찰." 「선교와 신학」 제22집(2008), 45-82.

_____. 『초기 유대교와 신약성경의 중생』. 서울: 대한기독교서회, 2008.

아리스토텔레스. 『영혼에 관하여』. 유원주 역. 서울: 궁리, 2001.

안병철. 『요한묵시록 2, 14장 6절-22장 21절』. 가톨릭 신학총서 32. 서울: 가톨릭대학교출판부, 2001.

안승오. “세계교회협의회(WBC)의 하나님 나라 이해와 선교.” 「선교와 신학」 제12집 (2003), 185-207.

이국현. 『성경의 핵심적 주제로서의 생명에 관한 기독교 윤리학적 연구』. 장로회신학대학, 1990.

이문균. “성령과 생명. 생태학적 성령 이해”, 『생명의 영성』, 조직신학논총 11집(2004), 99-126.

이승호. “고후 12:9-10에 나타난 바울의 사도적 영성.” 「신학과 목회」 제23집(2005), 135-152.

이한수. 『로마서 1, Romans 주석 1-8장 주석』. 서울: 이레서원, 2002.

이한수. 『바울신학연구』. 서울: 총신대학출판부, 1993.

장흥길. 『신약성경윤리』. 장로회신학대학교 100주년 기념총서 XV. 서울: 장로회신학대학교, 2002.

전경연. “생명에 대한 성서적 신앙.” 「기독교사상」 (1975/5월호), 84-91.

정기철. “생명신학의 과제.” 『생명의 영성』, 조직신학논총 11집(2004), 253-254.

차영섭. 『인간의 생명에 대한 연구』, 학위논문(석사). 장로회신학대학교 신학대학원. 1997.

최병곤. “축사”, in: 농어촌선교연구소 편. 『생명을 살리는 농어촌선교. 농어촌 선교 모범 사례집 제1권』. 서울: 총회 농어촌부 농어촌선교 연구소, 2003, 3-4.

플라톤. 『에우디프론 소크라테스의 변론 크리토 파이돈』. 박종현 역. 서울: 서광사, 2003.

황덕형. “생명의 영성. 계시의 자연주의는 가능한가”, 『생명의 영성』, 조직신학논총 11집(2004), 11-34.

BAE, Jae Woog. *Wiedergeburt im Johannesevangelium*. Diss. masch., Tübingen, 2003.

Barth, Christoph. *Die Errettung vom Tode. Leben und Tod in den Klage- und*

Dankliedern des Alten Testaments, neu hg. v. B. Janowski, Stuttgart: Kohlhammer, 1997(Errettung, neu hg. v. B. Janowski).

Barrett, C. K. *The Gospel according to St. John*. London: SPCK, [2]1978. 바레트. C. K./박재순 · 김필진 공역. 『요한복음 Ⅰ』. 국제성서주석 32-1. 서울: 한국신학연구소, 1984.

Barth, K. *Kirchliche Dogmatik*. II/4, III/2. Zürich: Evz-Verlag, 1957.

Beare, Francis W. *The first epistle of Peter*. 베아레, F. W./한의신 역. 『베드로전서 연구』. 서울: 대한기독교출판사, 1986.

Beasley-Murray, George R. *John 1-21*. WBC 36. 비슬리-머리 · 조지 R./이덕신 옮김. 『요한복음』. WBC 성경주석 36. 서울: 솔로몬, 2001.

Behm, J. Art. "διαθήκη." *ThWNT* II (1935), 127-137.

Bertram, G. Art. "ζάω, ζωή (βιόω, βίος)." *ThWNT* II (1954), 853-856.

Blank, Josef. *Krisis: Untersuchen zur johanneischen Christologie und Eschatologie*. Freiburg im Breisgau: Lambertus, 1964.

Bosch, David J./김병길·장훈태 공역. 『변화하고 있는 선교』. 서울: 기독교문서선교회, 2000.

Reymond, Robert L. *Paul. Missionary Theologian*. 로버트 L. 레이먼드/원광연 역, 『바울의 생애와 신학』. 서울: 크리스찬다이제스트, 2003.

Brown, R. E. *The Gospel according to John I. Anchor Bible*. Garden City and N. Y.: Doubledey & Company, 1980.

Bultmann, Rudolf. Art. "ζάω, ζωή (βιόω, βίος)." *ThWNT* II (1954), 833-844, 850-853, 856-877.

_____. *The Gospel of John*. trans. G. R. Beasley Murray. Oxford: Basil Blackwell, 1971.

_____. *Theologie des Neuen Testaments*. Tübingen: J.C.B.Mohr, 1958.

Burchard, C. "The importance of Joseph and Aseneth for the study of the new testament: A general survey and a fresh look at the lord' s supper," in: ders. *Gesammelte Studien zu Joseth und Aseneth*. Ber. u. erg. hg. mit Unterstutzung v. C. Burfeind, Leiden/New York/Köln, 1996, 263-295 (auch in: *NTS* 33 [1987], 102-134).

Colpe, C. Art. "ὁ υἱος τοῦ ἀνθρώπου." *ThWNT* VIII(1969), 403-481.

Dietzfelbinger, Ch. *Das Evangelium nach Johannes,* ZBK.NT 4/1. Zürich: Theol. Verl., 2001.

Dodd, C. H. *The Interpretation of the fourth Gospel.* Cambridge: Cambridge Universty Press, 1965; 1980.

Dunn, James D. G. *Romans 9-16.* WBC 38A. Dallas, TX: Word Books, 1988.

Durham, John I. *Exodus.* WBC 3. Dallas: Word Books Pub., 1987.

Dürr, L. Die Wertung des Lebens im Alten Testament und im antiken Orient. Verzeichnis der Vorlesungen an der Staatl. Akademie zu Brannsberg im Winter 1926/7. Kirchhain N. L., 1926.

Eichrodt, W. *Theologie des Alten Testaments,* Bd. II-III. Leipzig, Nachdr. Stuttgart/Göttingen: Vandenhoeck & Ruprecht ^{3}1959 (Bd. I); ^{4}1961; ^{5}1964.

Fitzmyer, Joseph A. *The Pauline theology. The New Jerome Biblical Commentary.* 죠셉 피츠마이어/배용덕 편역. 『바울의 신학』. 서울: 도서출판 솔로몬, 2002.

Förster, Werner. Art. "κτίζω, κτίσις, κτίσμα, κτίστης." *ThWNT* III (1950), 999-1034.

Frey, J. *Die johanneische Eschatologie Bd. III: Die eschatologische Verkündigung in den johanneischen Texten.* WUNT 117. Tübingen: Mohr Siebeck, 2000.

Gese, H. "Der Davidsbund und die Zionserwählung (1964)." in: ders. *Vom Sinai zum Zion. Alttestamentliche Beiträge zur biblischen Theologie. BEvTh* 64. München: Kaiser, 1974; 1984; 1990, 113-129.

Greinacher, Norbert. *Menschlich leben: eine christliche Deutung.* Theologische Meditationen 66. Zürich [u.a.]: Benziger, 1986; 그라이나허, 노르베르트. 이경우 옮김, 『사람답게 살고자: 人生講論』. 분도소책 43, 왜관: 분도출판사, 1988.

Harrington, Wilfrid J. *Revelation.* Collegeville: Liturgical Press, 1993.

Haenchen, E. *Die Apostelgeschichte*. E. 핸헨. 『사도행전(1)』. 국제성서주석. 서울: 한국신학연구소, 1987.

Hauck, Friedrich. Art. "μακάριος, μακαρίζω, μακαρισμός," *ThWNT* IV(1942), 365-373.

Hofius, Otfried. "Agrapha," *TRE* II (1978), 103-110.

Hull, David L. *Philosophy of Biological Science*. 데이비드 헐/하두봉·구혜영 옮김, 『생명과학철학』. 대우 학술총서 72. 서울: 민음사, 1995.

Ibuki, Y. *Die Wahrheit im Johannes evangelium*. BBB 39. Bonn: Hanstein, 1972.

Jenni, Ernst · Westermann, Claus. *Theologisches handworterbuch zum alten testament*, München: Kaiser, ²1971.

Jeremias, J. *Jerusalem zur Zeit Jesu*. 요아힘 예레미아스. 『예수시대의 예루살렘: 신약성서 시대의 사회경제사 연구』. 서울: 한국신학연구소, 1988.

Jüngel, Eberhard. *Tod*. Gütersloher Taschenbücher. Gütersloh: Gütersloher Verlags-Haus Mohn, ⁵1993.

Kaiser, Otto · Lohse, Eduard. *Tod und Leben*. 오토 카이저·에두아르트 로제/박두환 옮김, 『죽음 그리고 삶』. 성남: 민들레책방, 2002.

Kissener, Hermann. *Wiedergeburt durch Wasser und Geist. Die Logik der Apokalypse*. Engelberg (Schweiz)/München: Drei-Eichen-Verlag, 1972.

Kittel, G. Art. "λέγω D. Wort und Reden im NT," *ThWNT* IV(1942), 100-147

Köhler, K. *Theologie des Alten Testaments*, N T G, Tübingen: Mohr, ⁴1966, 77.

Kraus, H.-J. *Theologie der Psalmen*, BK XV/3. Neukirchen-Vluyn: Neukirchener Verlag, ²1989. 한스-요아킴 크라우스/신윤수 옮김. 『시편의 신학』. 서울: 비블리카 아카데미아, 2004.

_____. *Psalmen*. BK 15/1. Neukirchen-Vluyn: Neukirchener Ver. 1978.

Ladd, George E. *A Theology of the New Testament*. 이창우 역, 『신약신학』. 서울: 성광문화사, 1983.

Lake, Kirsopp. *The Beginnings of Christianity. The Acts of the Apostles*(1,4). Foakes-Jackson, Frederick J. (Hg.) London: Macmillan, 1933.

Lee, E. K. *The Religious Thought of St. Jesus*. London: SPCK, 1950.

Lichtenberger, H. · Schreiner, S. "Der neue Bund in jüdischer Überlieferung." *ThQS* 176 (1996), 272-290.

Lichtenberger, H. "Alter und Neuer Bund," *NTS* 41 (1995), 400-414.

_____. " 'Bund' in der Abendmahlsüberlieferung," in: F. Avemarie · H. Lichtenberger (Hg.), *Bund und Tora. Zur theologischen Begriffsgeschichte in alttestamentlicher, frühjüdischer und urchristlicher Tradition*. Tübingen: Mohr Siebeck, 1996.

Lichtenberger, H. · Stegemann, E. "Zur Theologie des Bundes in Qumran und im Neuen Testament," in: *KuI* 6 (1991), 134-146.

Lohfink, Gerhard. *Der Tod ist nicht das letzte Wort: Meditationen*. Freiburg: Herder, 1976(한국어 번역본-로핑크/이석재·신교선 역. 『죽음이 마지막 말은 아니다』. 서울: 성바오로출판사, 1989.

Manson, T. W. *The Sayings of Jesus*. London: SCM Press, 1949.

Metzger, Bruce Manning. *The New Testament*. 브루스 M. 메츠거. 『신약성서개설』. 나채운 역. 서울: 대한기독교출판사, 1983.

Michel, Otto. *Der Brief an die Hebraer*. 오토 미헬/강원돈 역. 『히브리서』. 국제성서주석 43. 서울: 한국신학연구소, 1988.

Moltmann, J. *Die Quelle des Lebens*. J. 몰트만/이신건 역, 『생명의 샘』(성령과 생명신학), 서울: 대한기독교서회, 2000.

Murphy, Roland E. *Proverbs*. WBC 22. Nashville: Thomas Nelson, 1998; 한국어 번역본-롤랜드 E. 머피/박문재 옮김. 『잠언』. WBC 성경주석 22, 서울: 솔로몬, 1999.

Muβner, Franz. *ZΩH. Die Anschauung vom "Leben" im vierten Evangelium unter Berucksichtigung der Johannesbriefe. Ein Beitrag zur biblischen Theologie*. MThS 5. München: Karl Zink, 1952.

_____. *Der Jakobusbrief*, 프란츠 무스너/윤선아 역, 『야고보서』. 국제성서주석 44. 서울: 한국신학연구소, 1987.

Neirynck, F. "Paul and the Sayings of Jesus." in: Vanhoye, Albert (Hrsg.),

L' Apotre Paul: personnalité, style et conception du ministère. BETL 73. Leuven: Univ. Pr. [u.a.], 1986.

Neuhäusler, E. *Anspruch und Antwort Gottes: zur Lehre von den Weisungen innerhalb der synoptischen Jesusverkündigung*. Düsseldorf: Patmos, 1962.

Painter, J. John, *Witness and Theologian*. London: SPCK, 1975.

Quell, G. Art. Art. "διαθήκη." *ThWNT* II (1935), 106-127.

Rae, Scott B.·Cox, Paul M. *Bioethics: a christian approach in a pluralistic age*. 스콧 래 · 폴 콕스/김상득 역. 『생명윤리학: 다원주의 문화와 기독교적 접근법』. 우리 시대의 신학총서 8. 서울: 살림출판사, 2004.

Rebell, W. *Gemeinde als Gegenwelt. Zur soziologischen und didaktischen Funktion des Johannesevangeliums*. BET 20, Frankfurt a.M./Bern/New York/Paris: Lang, 1987.

Richardson, Aland. *An Introduction to the Theology of the New Testament*. London: SCM Press, 1958; 1982.

Sanders, Jack T. *The Jews in Luke-Acts*. London: SCM Press, 1987.

Schrage, Wolfgang. *Die Briefe des Petrus und Judas*. W. 슈라게/번역실 역, 『베드로전후서, 유다서』. 국제성서주석. 서울: 한국신학연구소, 1987.

Schrödinger, Erwin. *What is life?: the physical aspect of the living cell*; 에르빈 슈뢰딩거/서인석 · 황상익 [공]옮김. 『생명이란 무엇인가?: 물리학자의 관점에서 본 생명현상』. 서울: 한울, 2003.

Scott, E. F. *The Fourth Gospel*. Edinburgh: T. & T. Clark, 1926.

Sjöberg, E. "Wiedergeburt und Neuschöpfung im palästinischen Judentum." *StTh* 4 (1951), 44-85.

_____. "Neuschöpfung in den Toten-Meer-Rollen." *StTh* 9 (1956), 131-136.

Schmidl, M. *Jesus und Nikodemus: Gespräch zur johanneischen Christologie. Joh 3 in schichtenspezifischer Sicht*, BU 28. Regensburg: Pustet, 1998.

Starke, Ekkehard. Art. "Leben." *EKL* 3 (1992), 44-47.

Stuhlmacher, P. "Erwägungen zum ontologischen Charakter der καινὴ κτίσις bei Paulus." *EvTh* 27 (1967), 1-35.

Thüsing, W. *Die Erhöhung und Verherrlichung Jesu im Johannesevangelium,* NTA XXI 1/2, Münster, Westfalen: Aschendorff, [3]1979.

Vorgrimler, Herbert. *Der Tod in Denken und Leben des Christen.* H. 포그리믈러 / 심상태 옮김. 『죽음: 오늘의 그리스도교적 죽음이해』. 神學選書 5. 서울: 성바오로출판사, 1982.

Walter, N. "Paul and the Early Christian Jesus-Tradition," *Paul and Jesus.* ed. A. J. M. Wedderburn and C. Wolf, Sheffield, 1989.

Weisengolff, J. P. "Leit and its Relation to Life in St. John." *CBQ* 8 (1964), 448-451.

Wilckens, U. *Das Evangelium nach Johannes,* NTD 4. Göttingen: Vandenhoeck und Ruprecht, [17]1998.

Wolff, Hans Walter. *Anthropologie des Alten Testaments.* München: Chr. Kaiser Verlag, 1973; 한국어 번역본 - 한스 발터 볼프/문희석 역. 『구약성서의 인간학』. 신학양서 제10권. 왜관: 분도출판사, 1985.

이 책에서 이용하는 필자의 글의 출처

"성경이 선언하는 인간 생명의 고귀함", 「목회와 신학」 190(2005년 4월호), 61-67.

"바울의 생명사상 II. 예수의 생명 이해", 「기독교사상」 578(2007년 2월호), 204-211.

"바울의 생명사상 III. 바울의 생명 이해", 「기독교사상」 579(2007년 3월), 188-196.

"신약성경의 생명 사상에 대한 고찰", 「선교와 신학」 22(2008), 45 82.

찾아보기

1. 성경 구절

■ 누가복음

■ 요한복음

■ 사도행전

■ 로마서

2. 인명

3. 주제

4. 헬라어/히브리어

▪ 헬라어

■ 히브리어